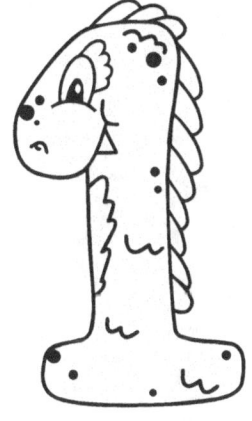 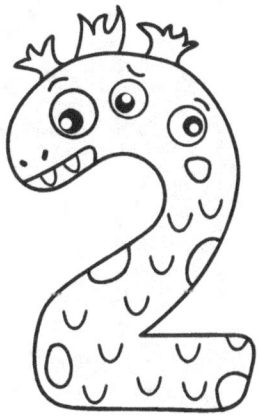 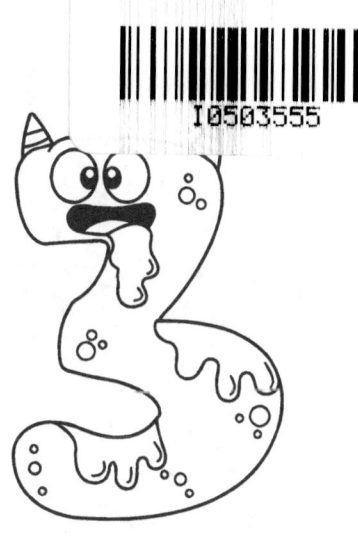

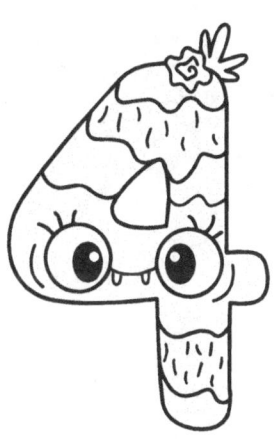 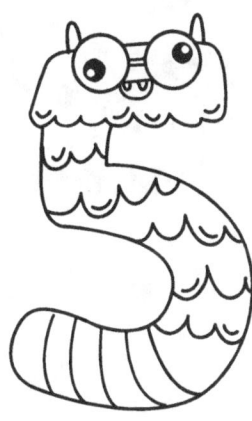 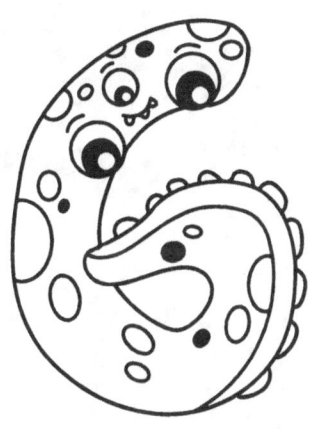

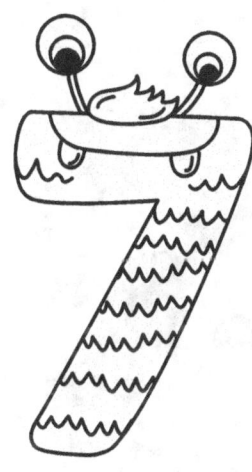 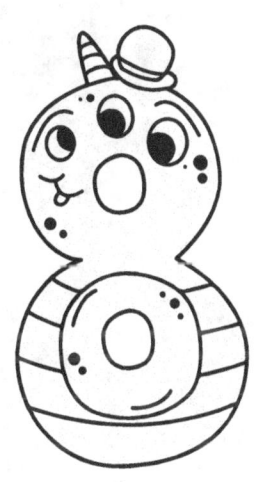 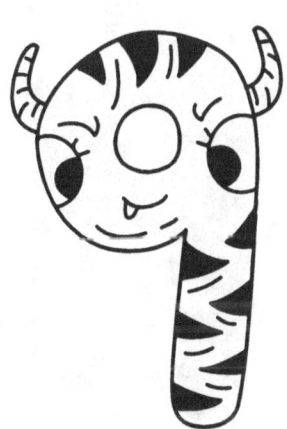

Name:------------------

Color

and

write

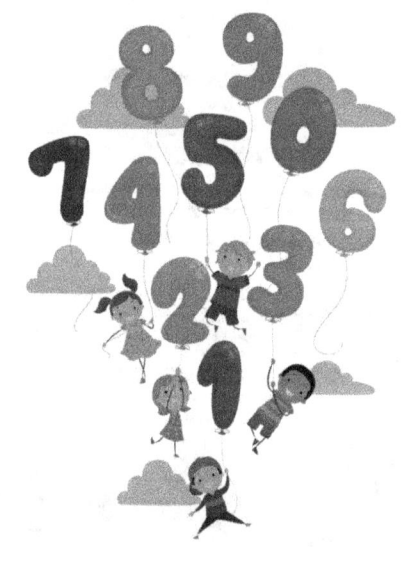

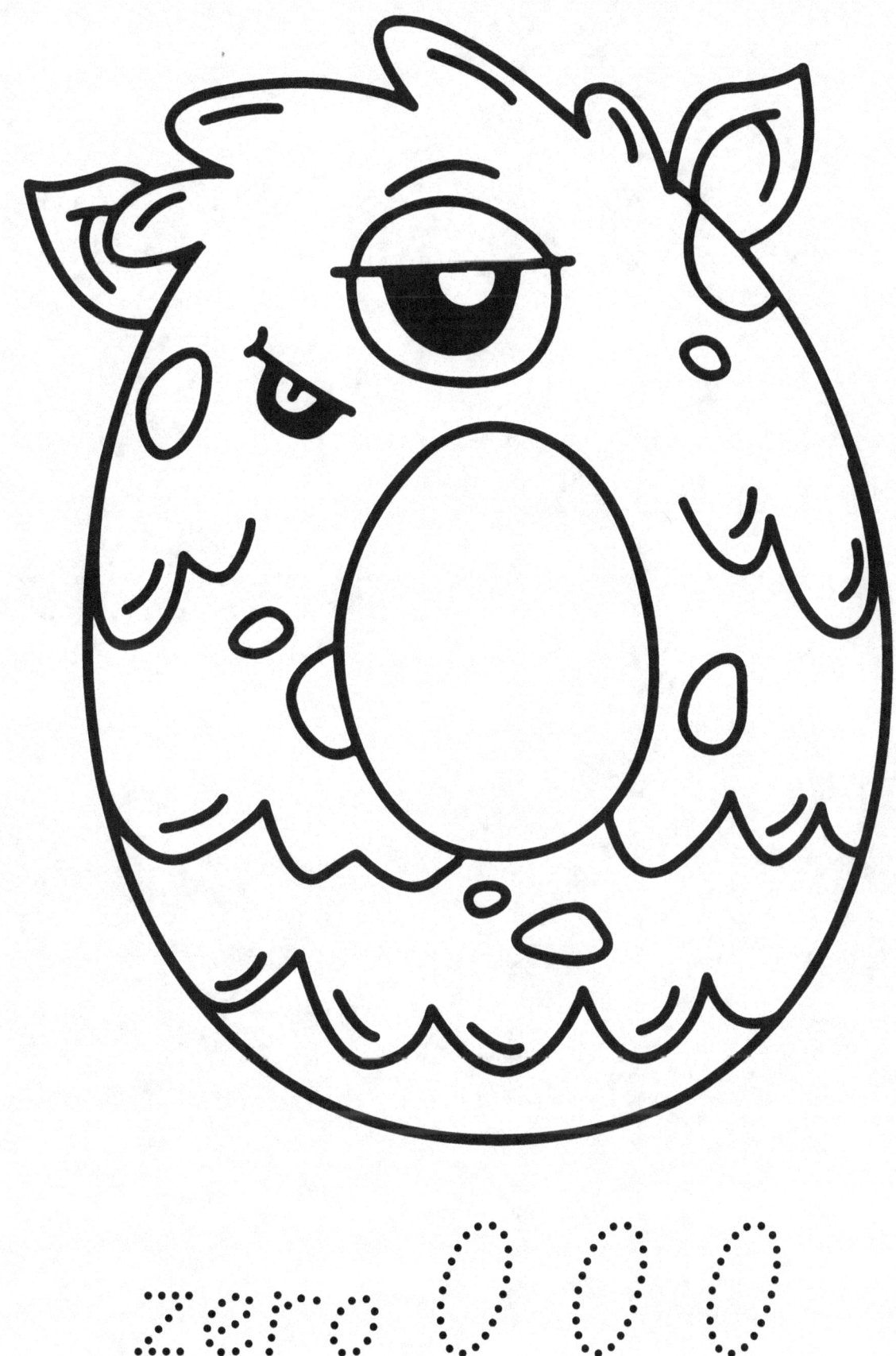

zero 0 0 0

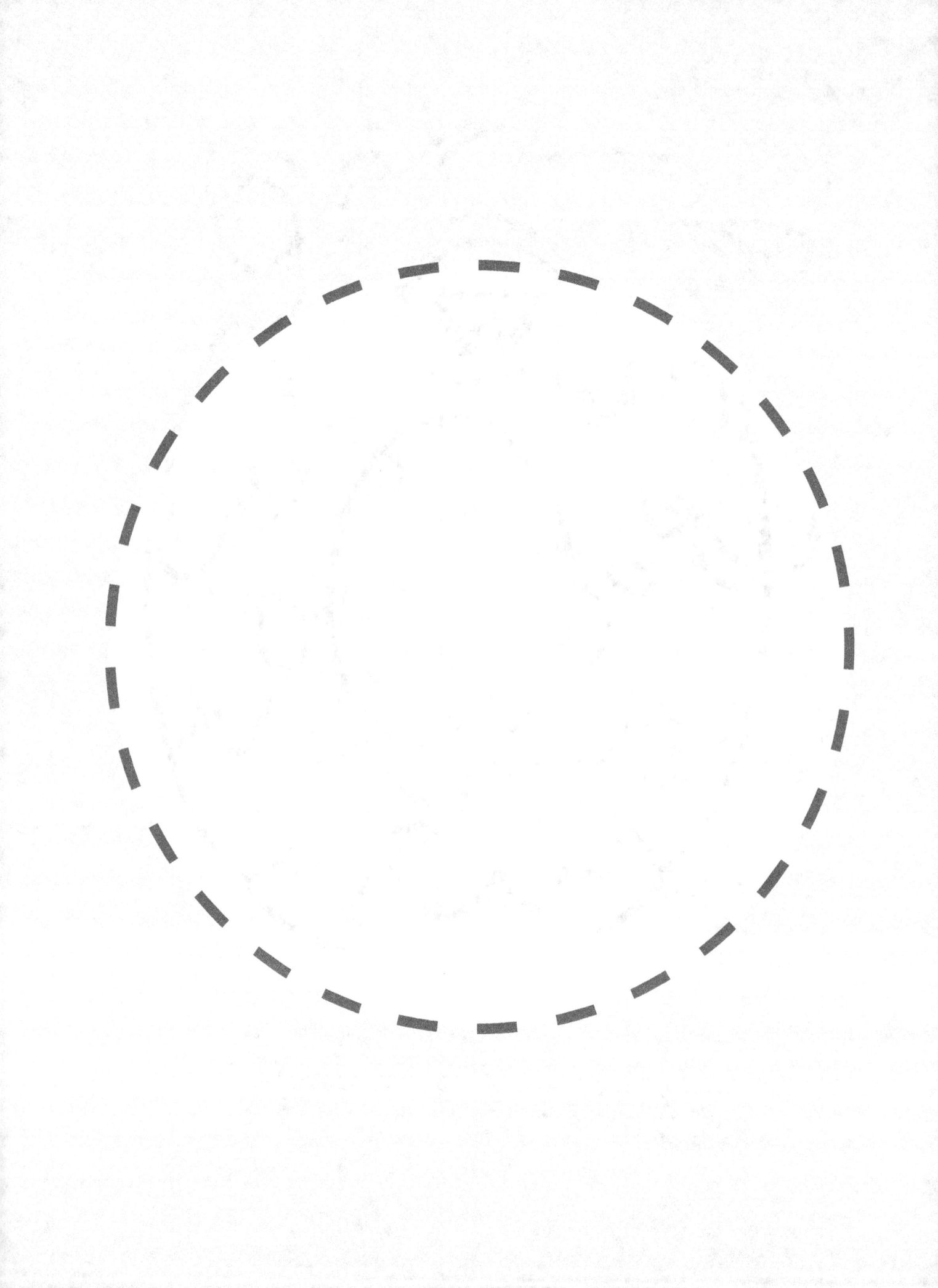

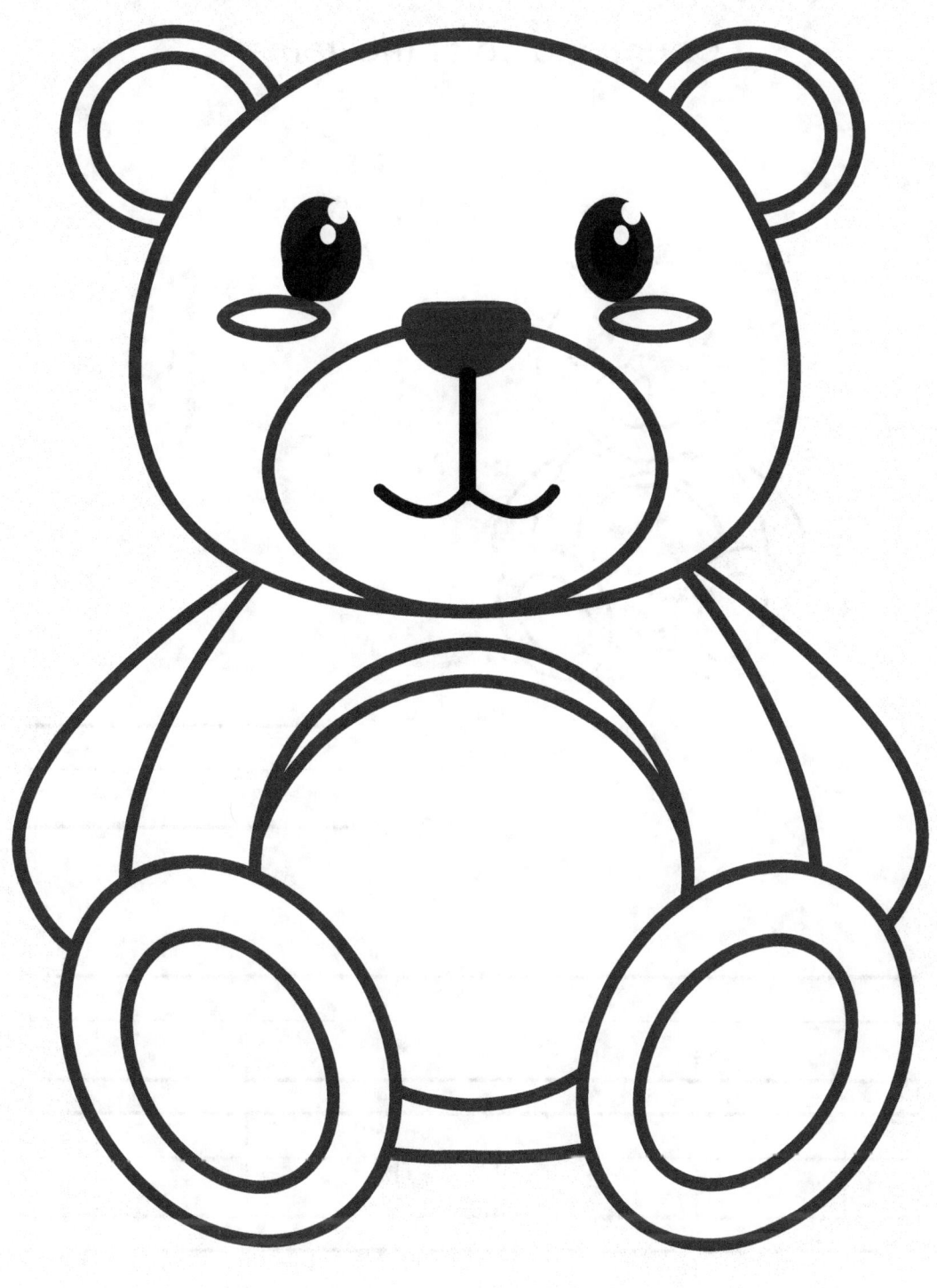

one

Count and color the items.

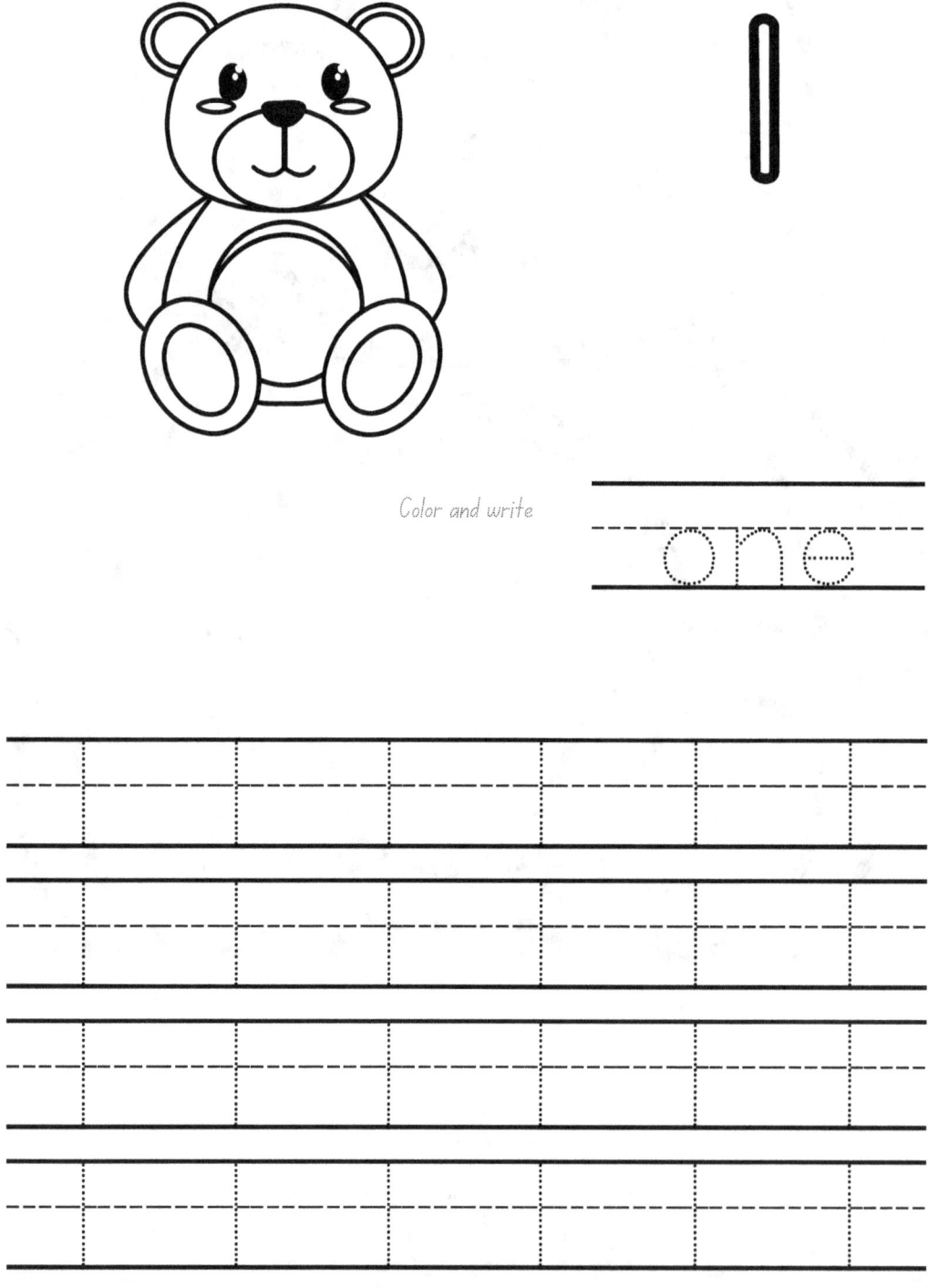

1

Color and write

one

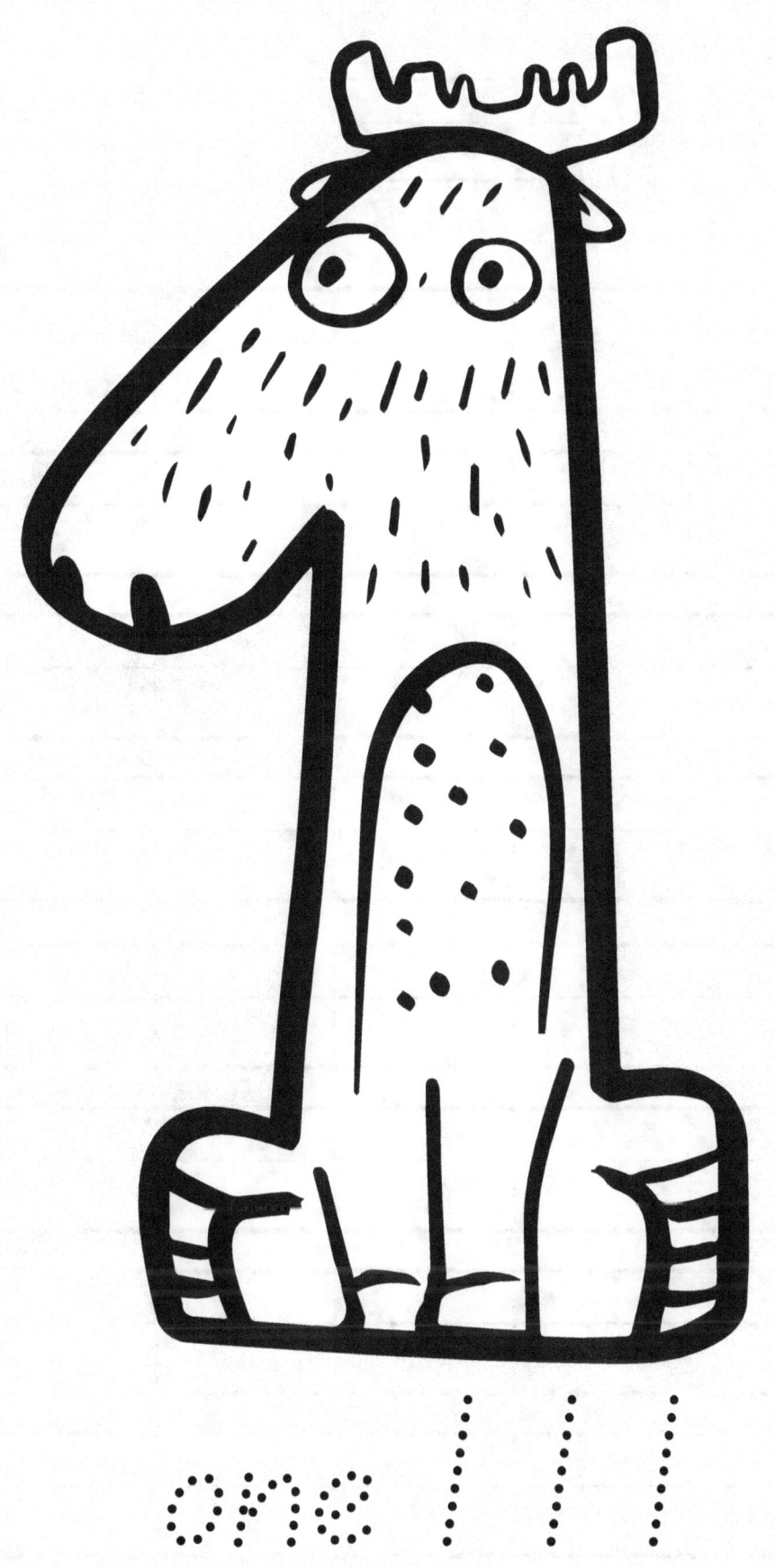

one 1 1 1

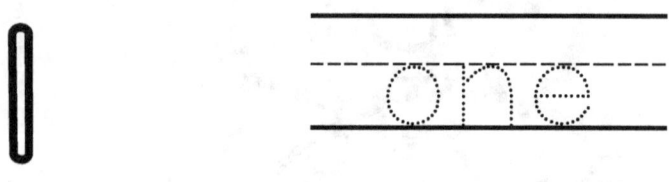

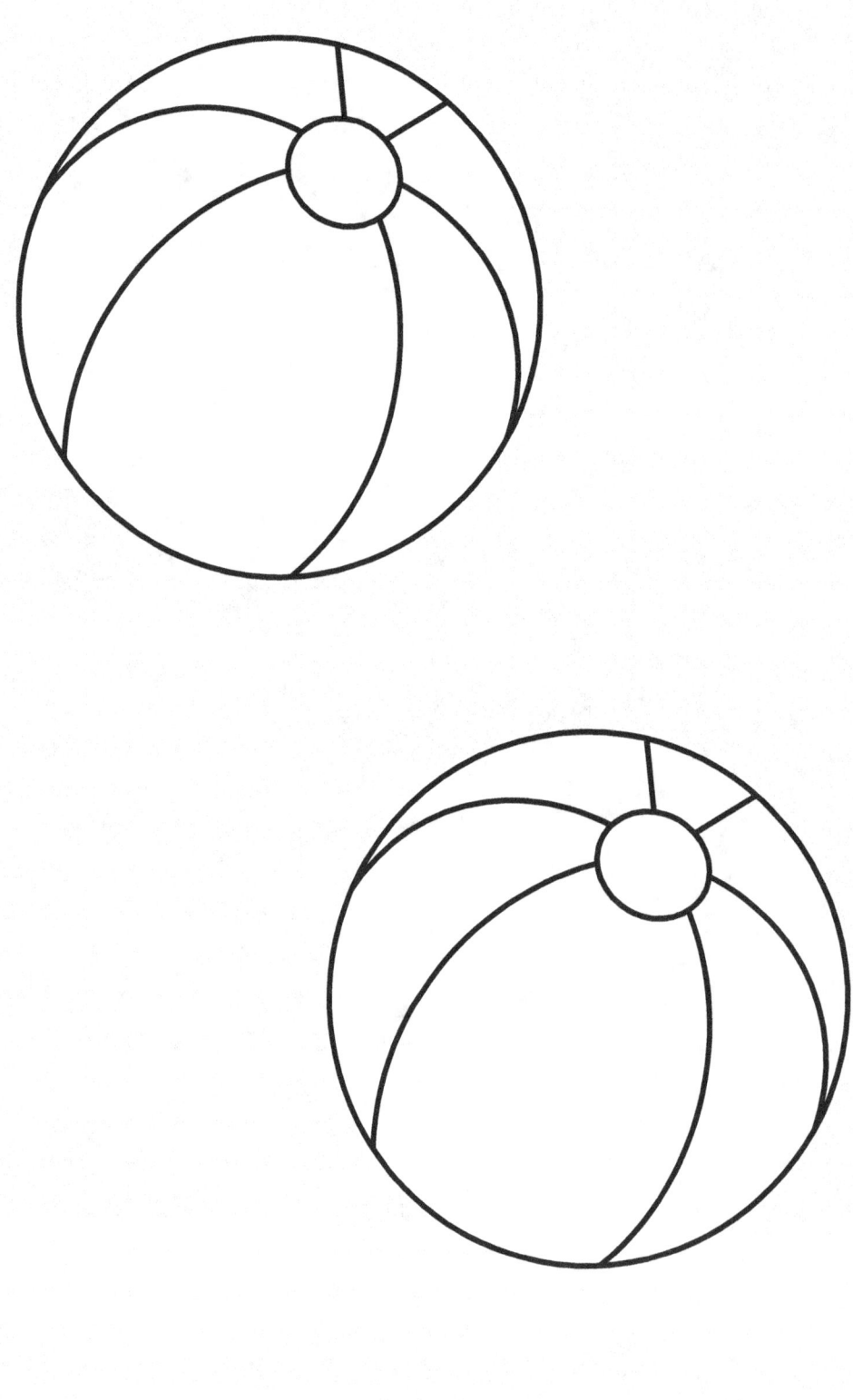

two

Count and color the items.

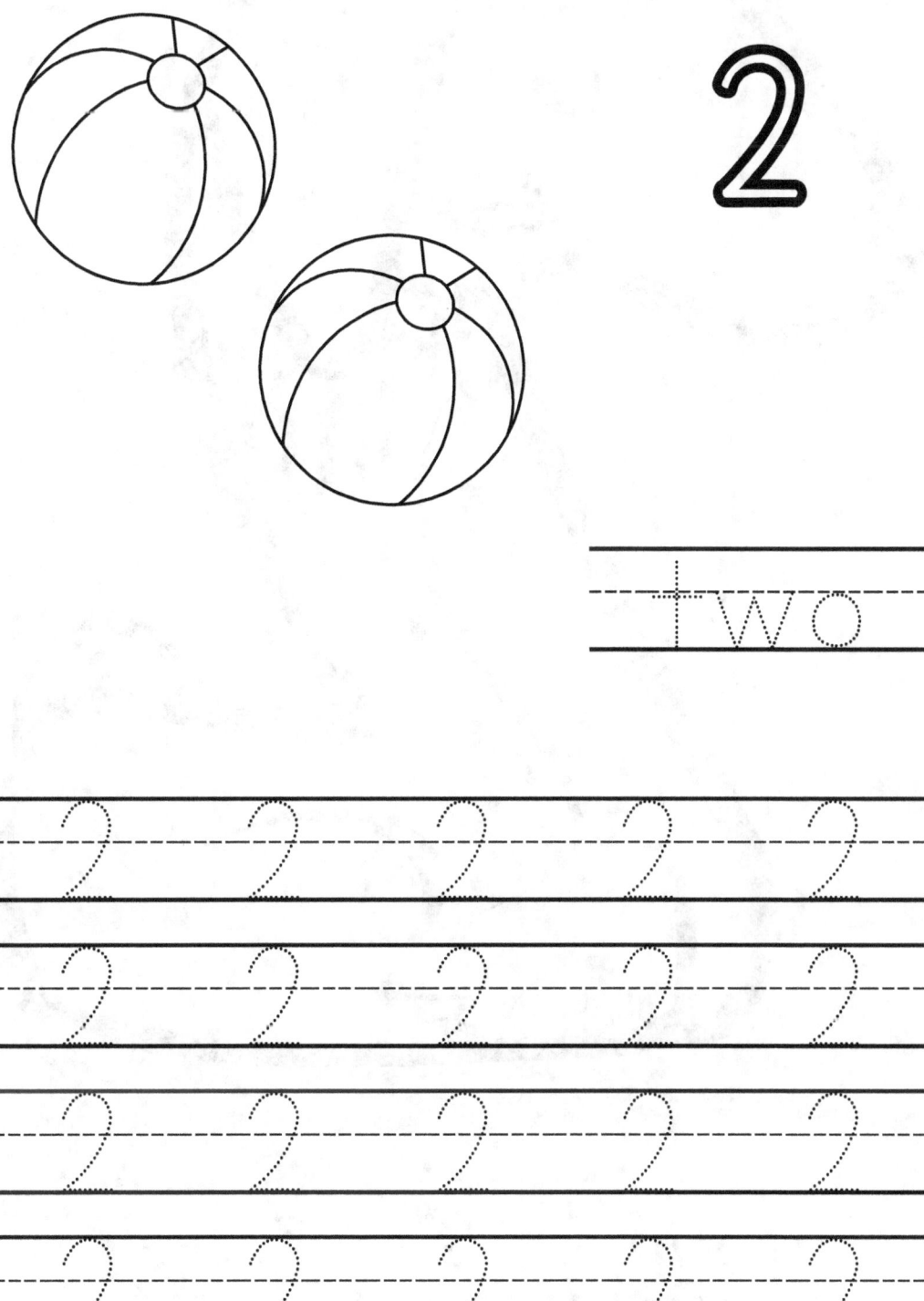

2

two

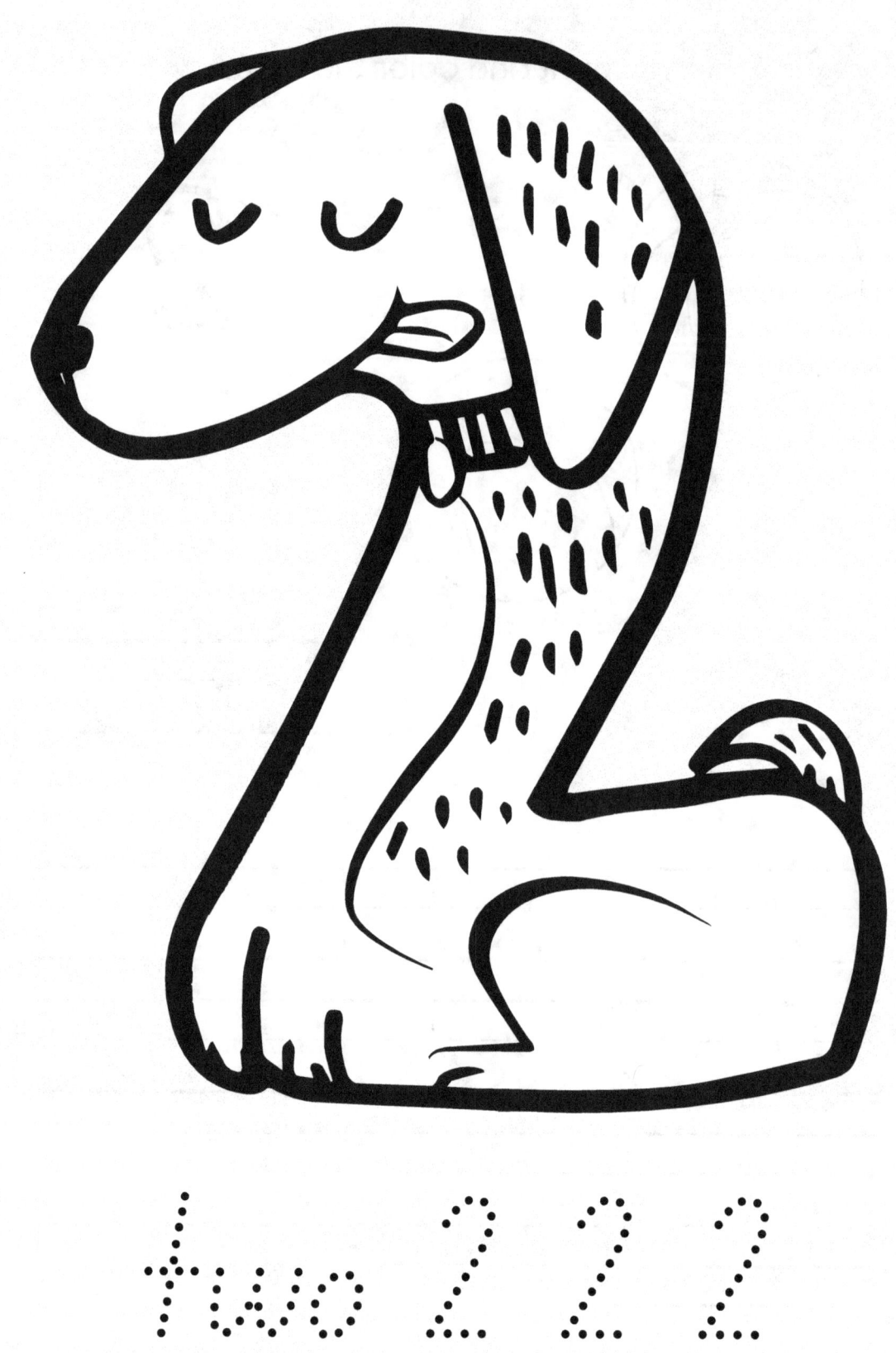

two 2 2 2

2

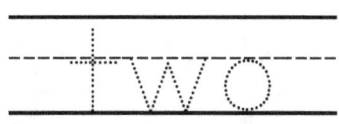
two

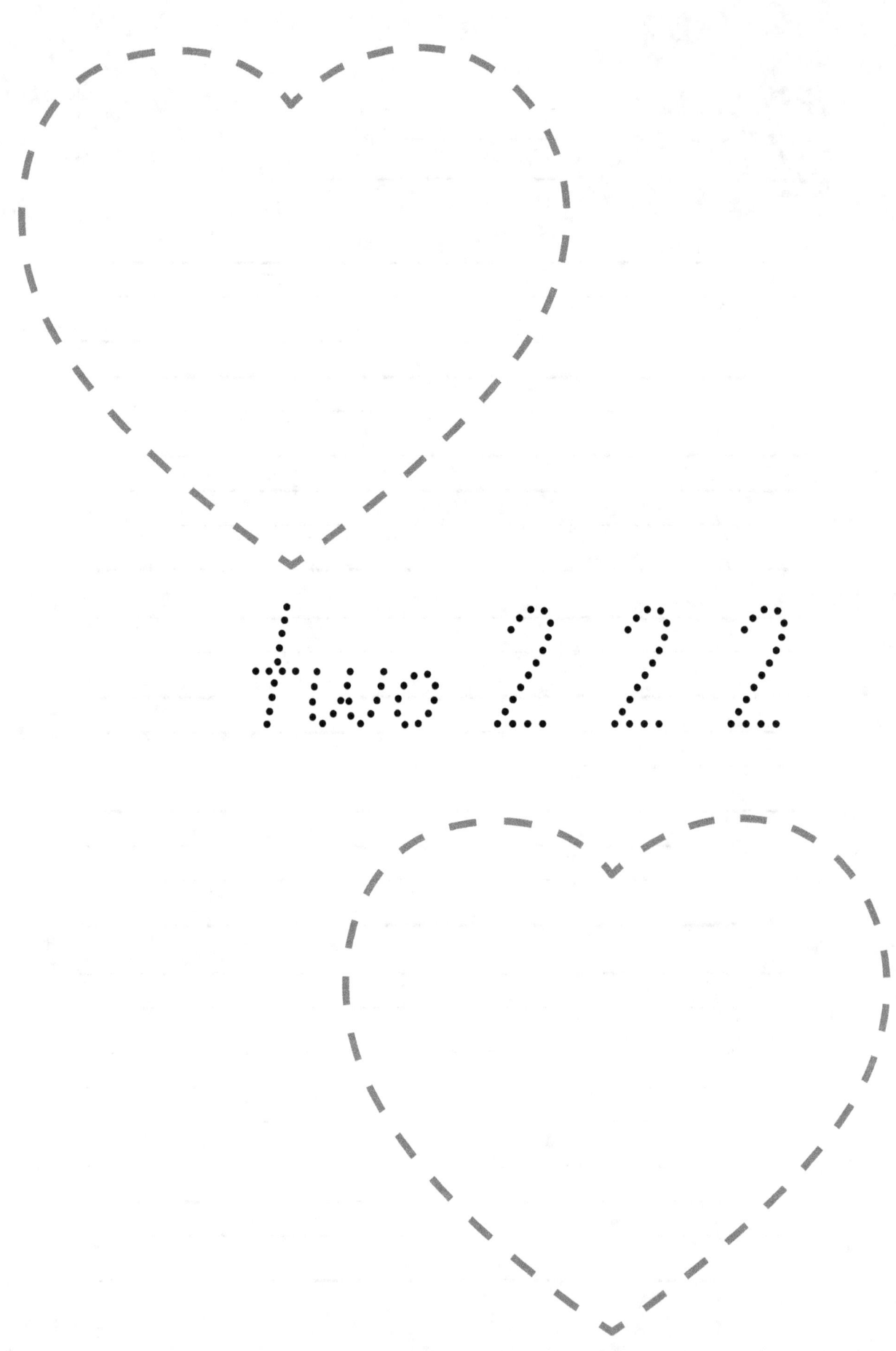

two 2 2 2

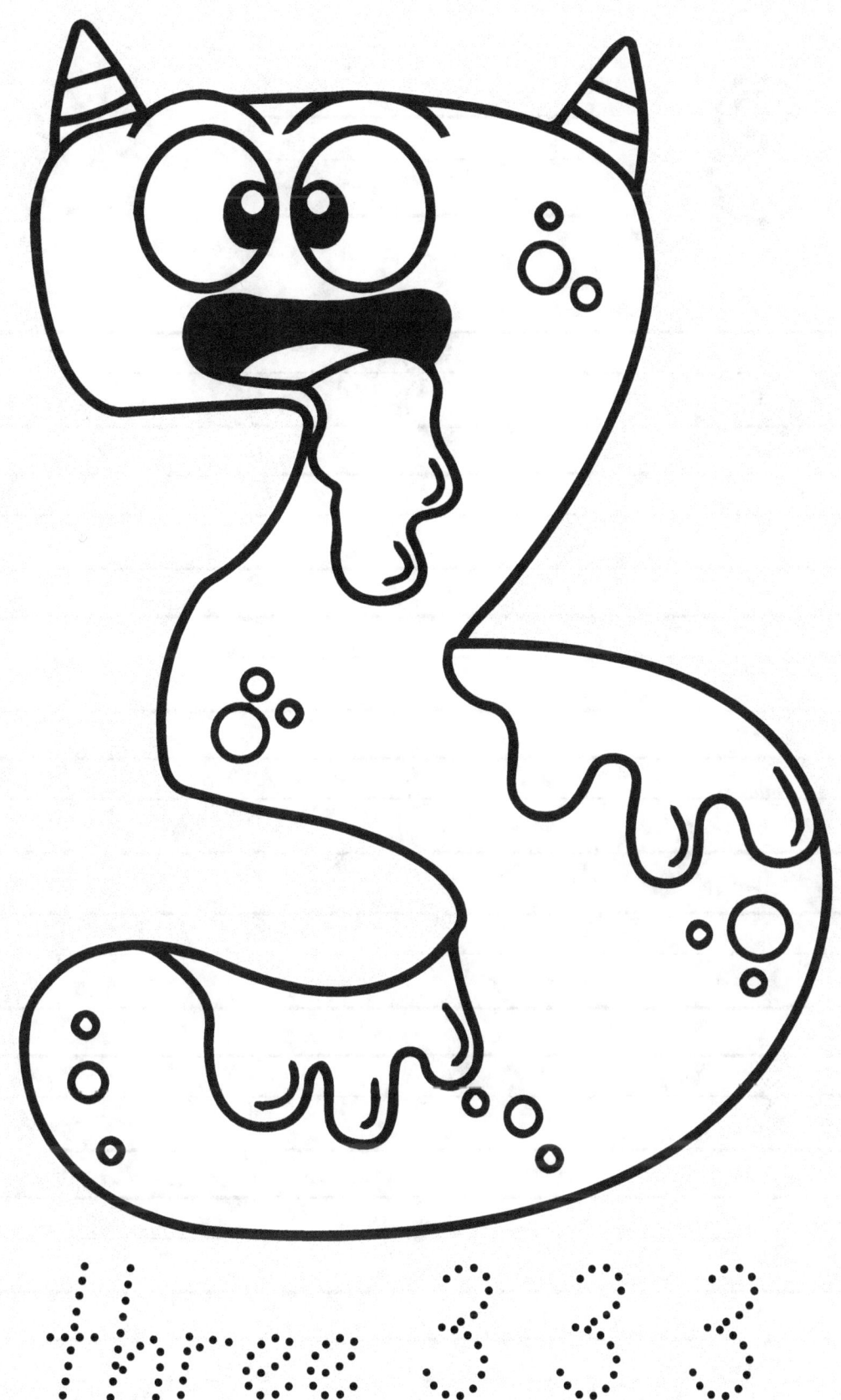

three 3 3 3

3 Three

3 3 3 3 3

3 3 3 3 3

3 3 3 3 3

3 3 3 3 3

3 3 3 3 3

3 3 3 3 3

3 3 3 3 3

3 3 3 3 3

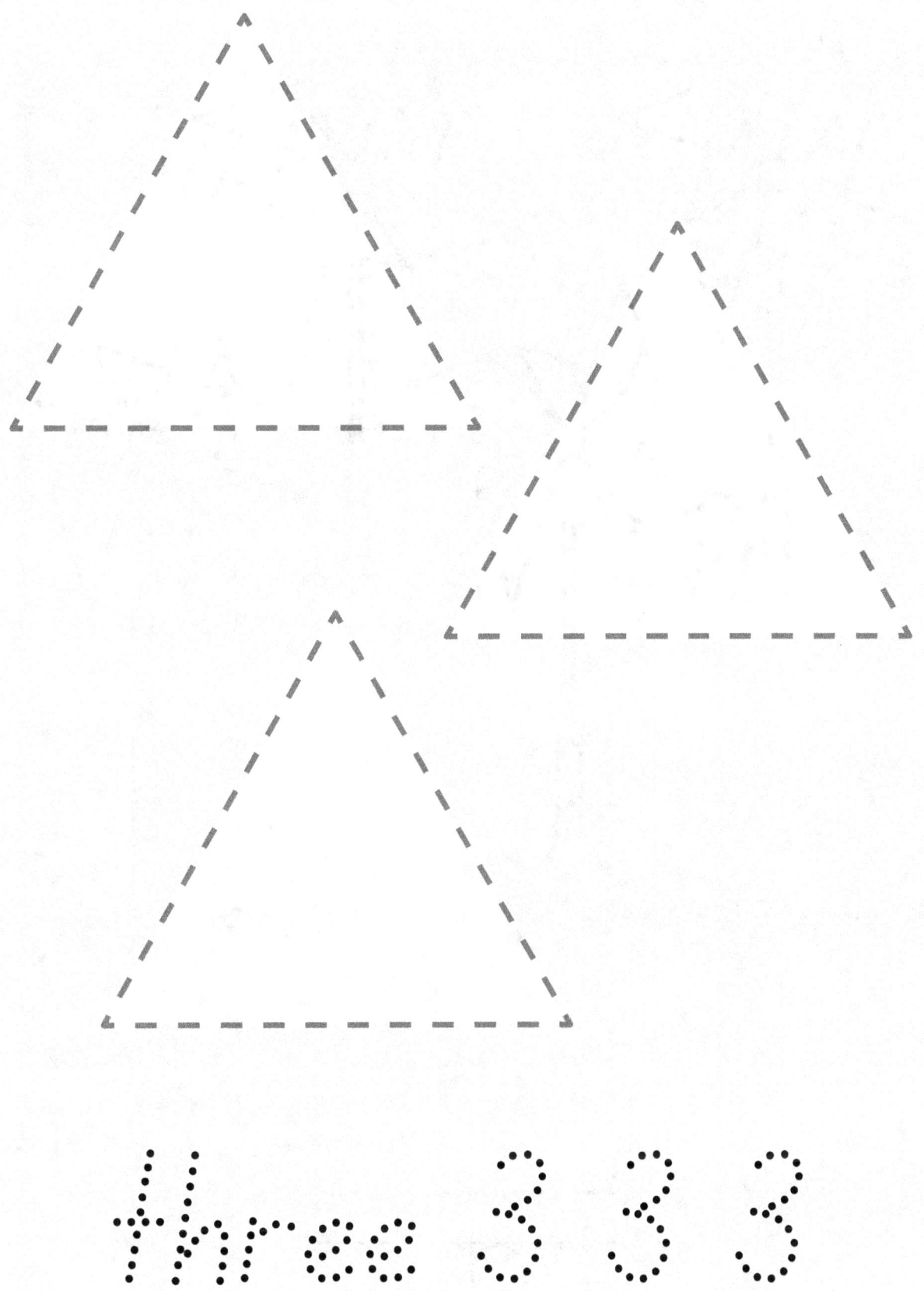

three 3 3 3

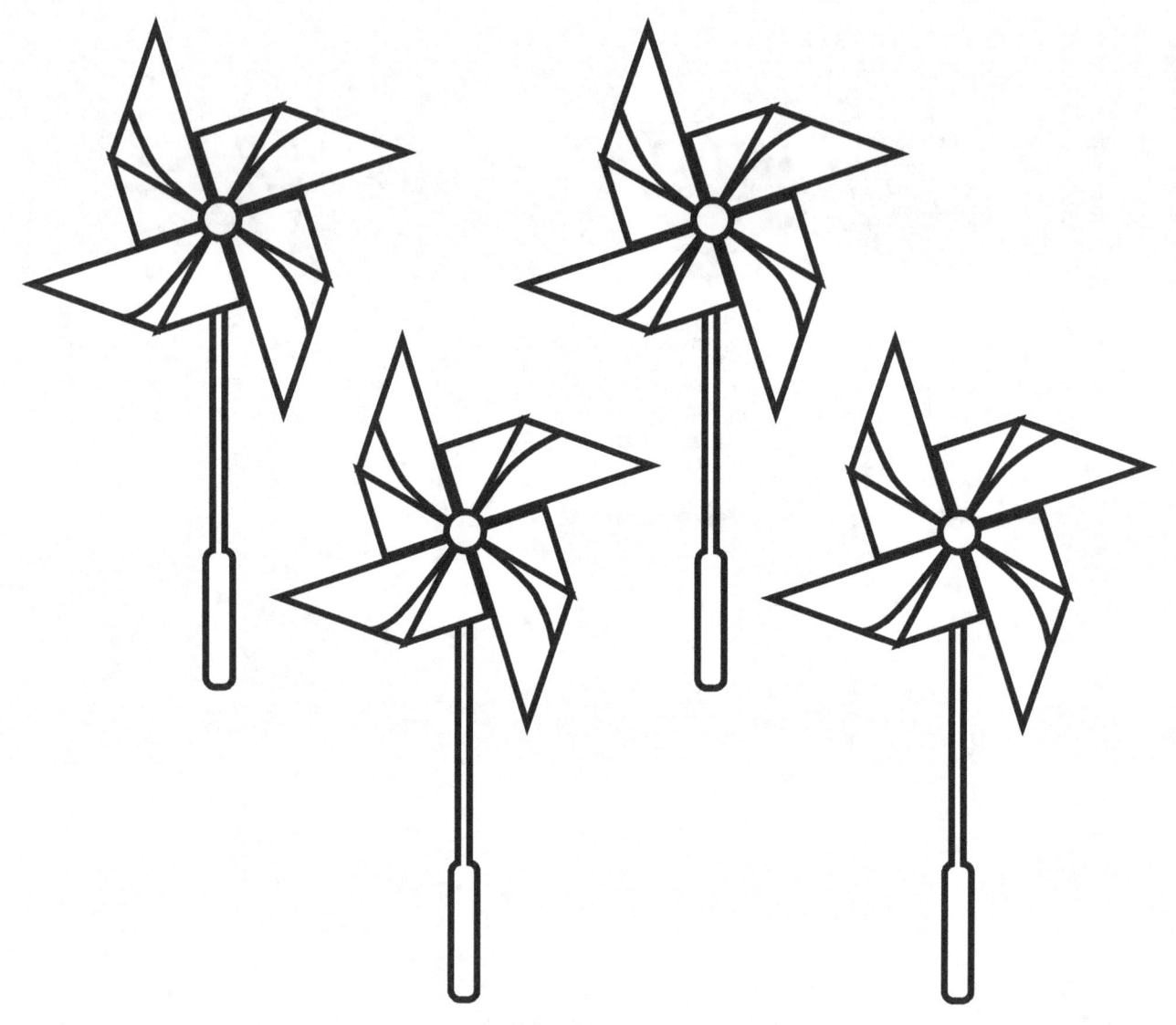

four

Count and color the items.

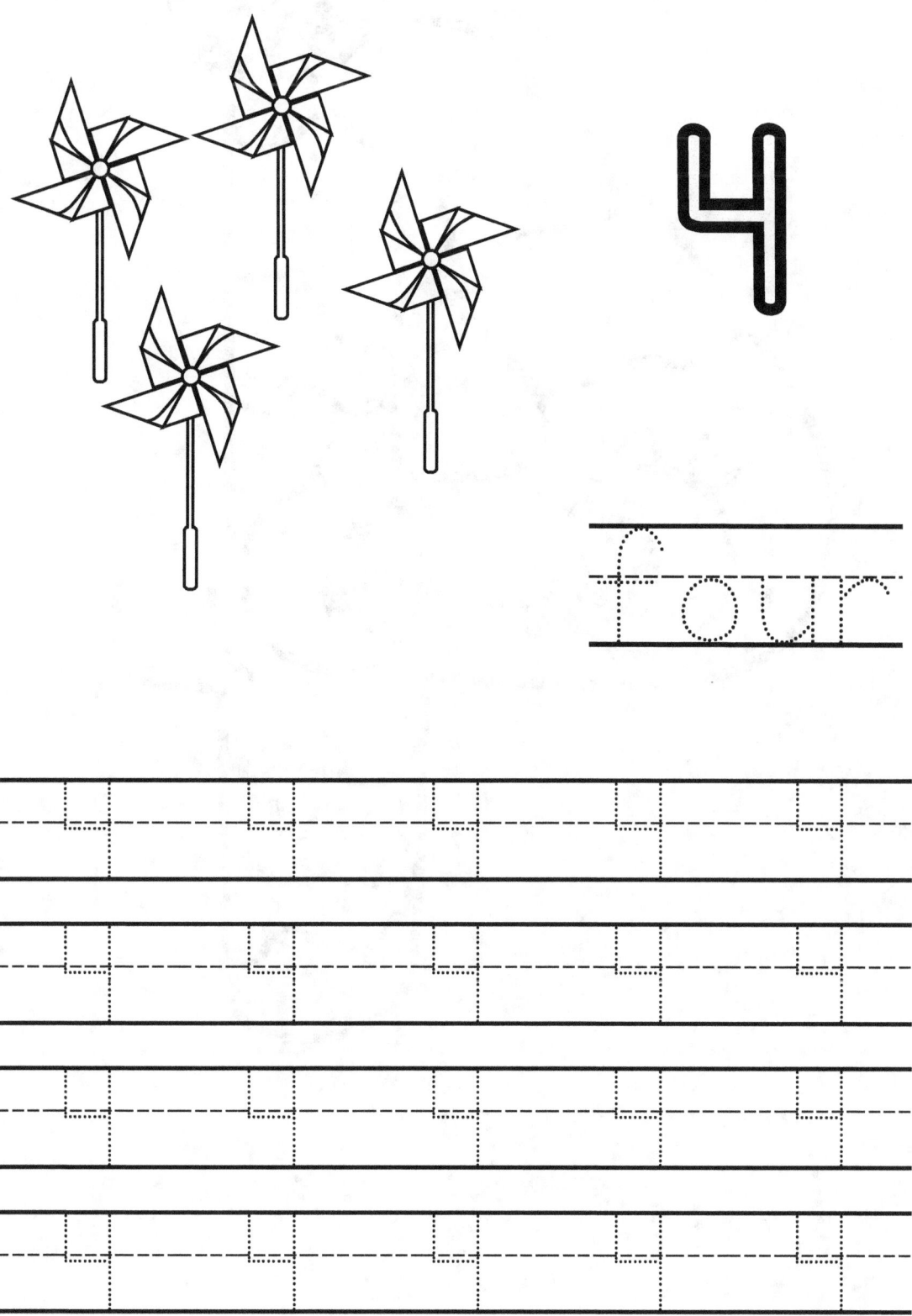

4

four

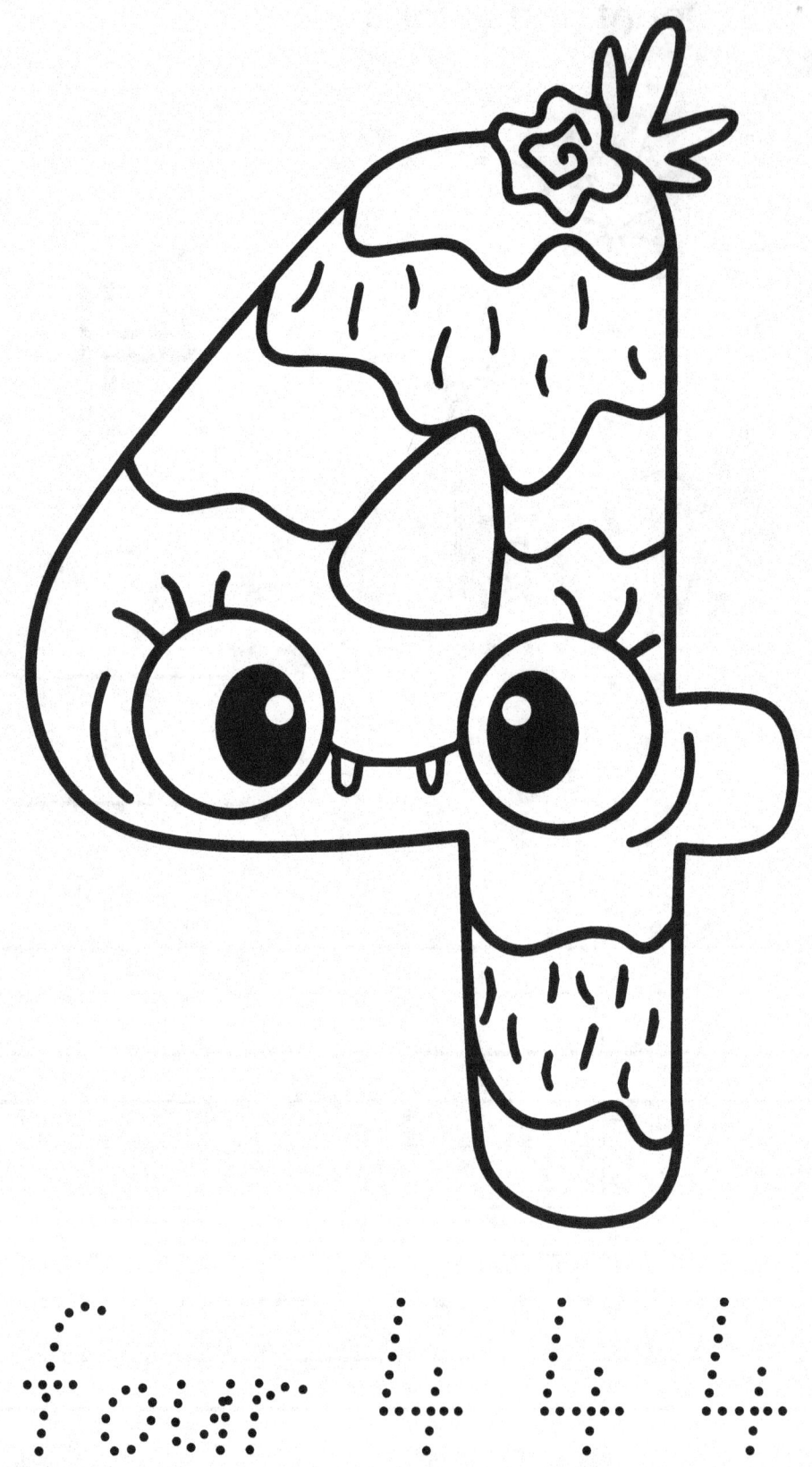

four 4 4 4

4 four

four 4 4 4

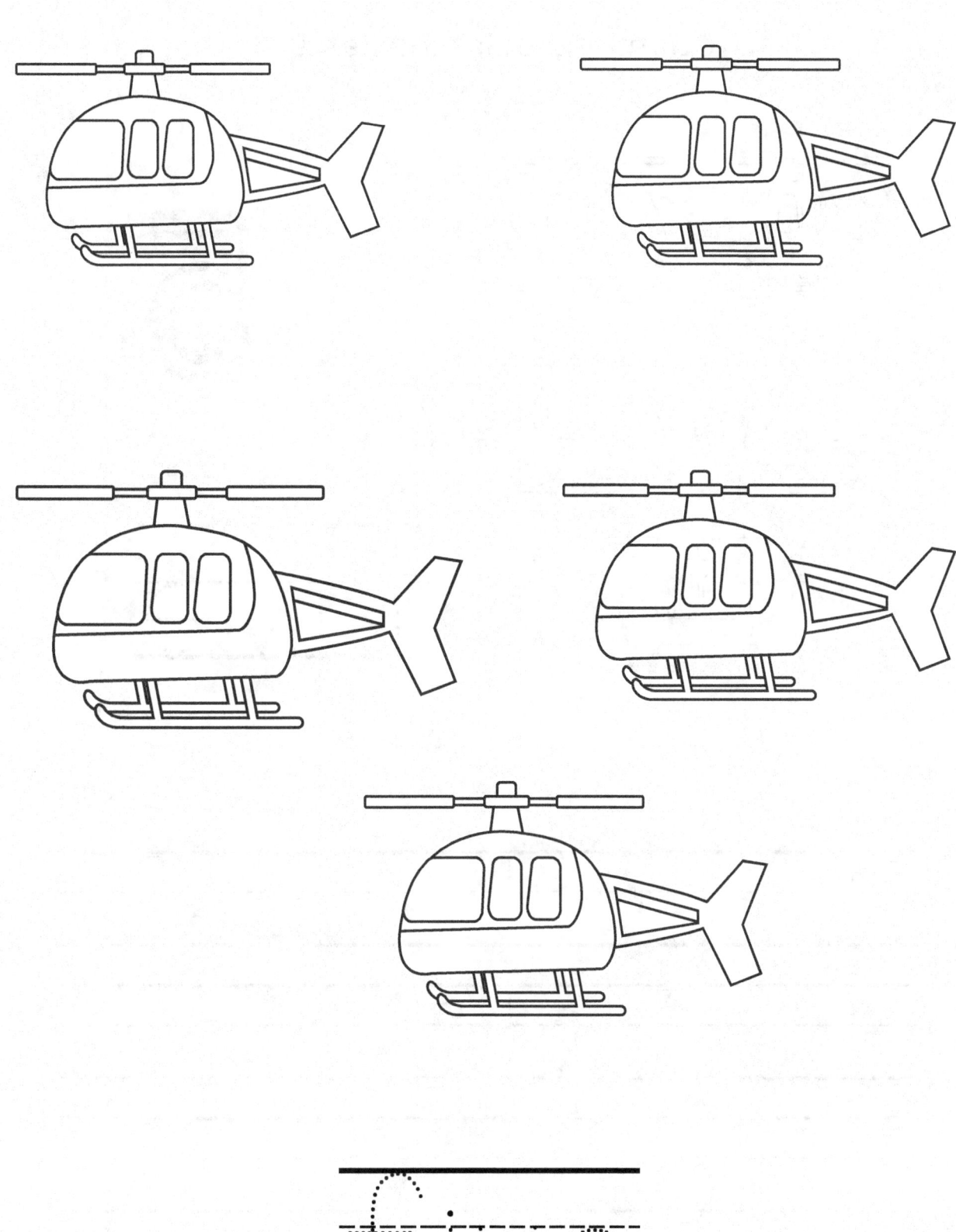

Count and color the items.

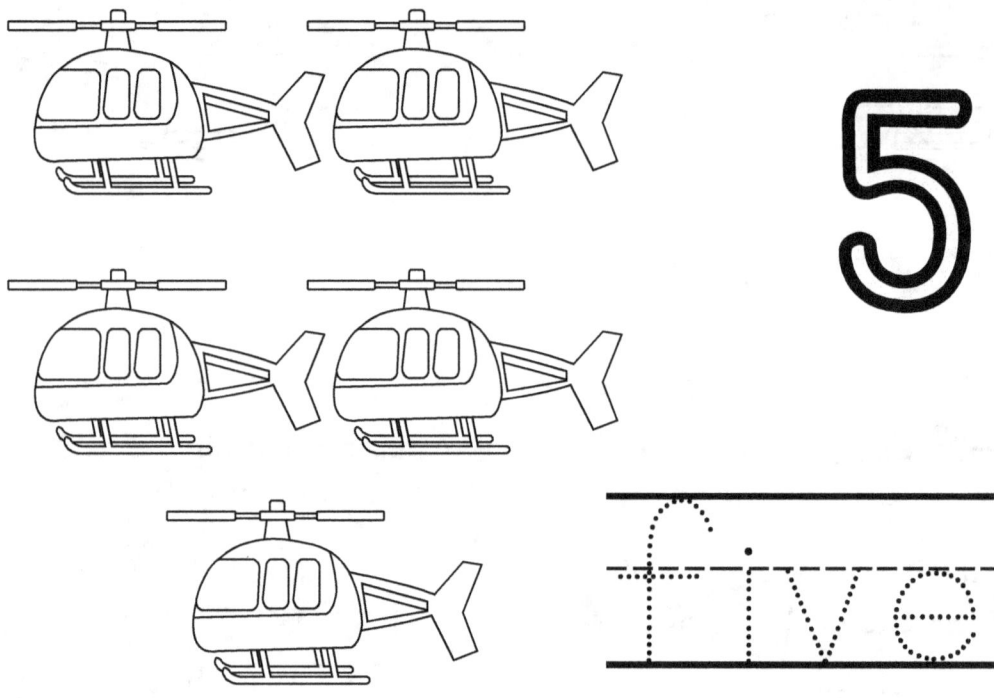

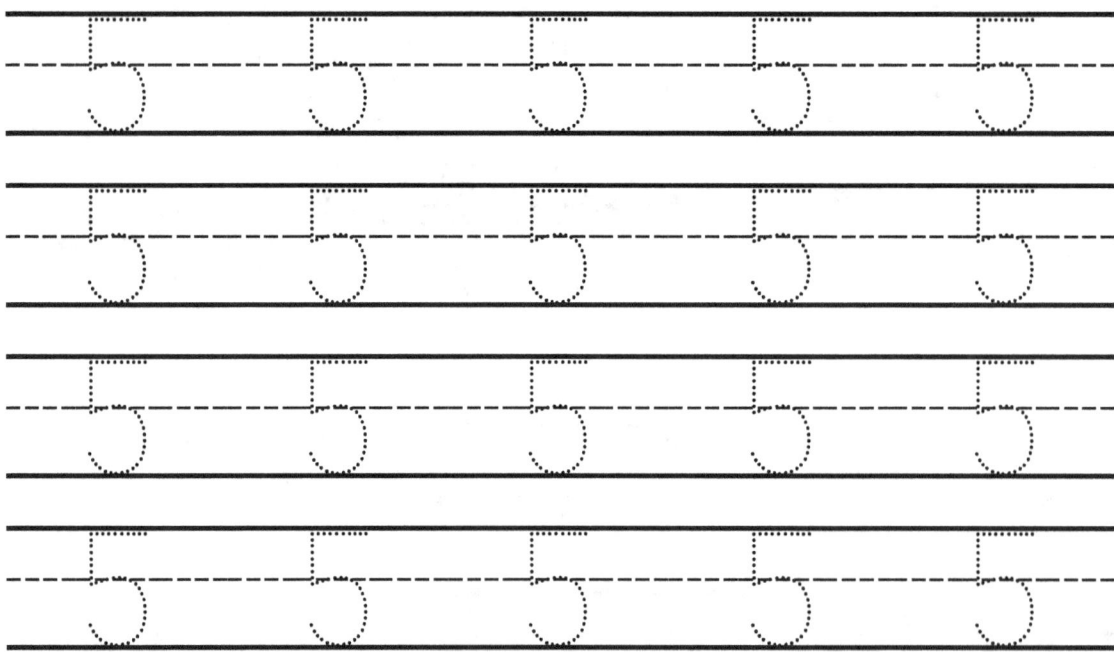

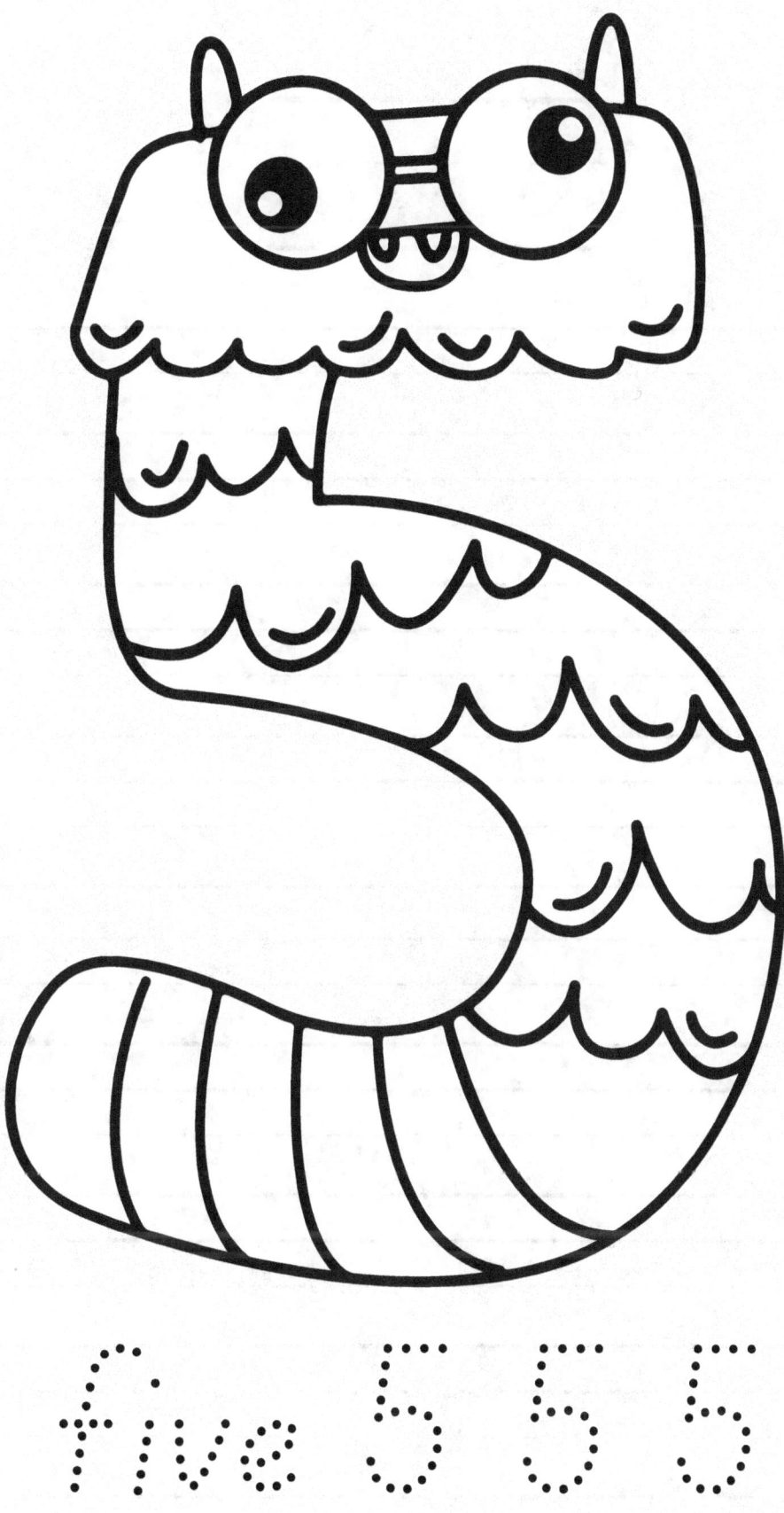

five 5 5 5

5   five

5 5 5 5 5

5 5 5 5 5

5 5 5 5 5

5 5 5 5 5

5 5 5 5 5

5 5 5 5 5

5 5 5 5 5

five 5 5 5

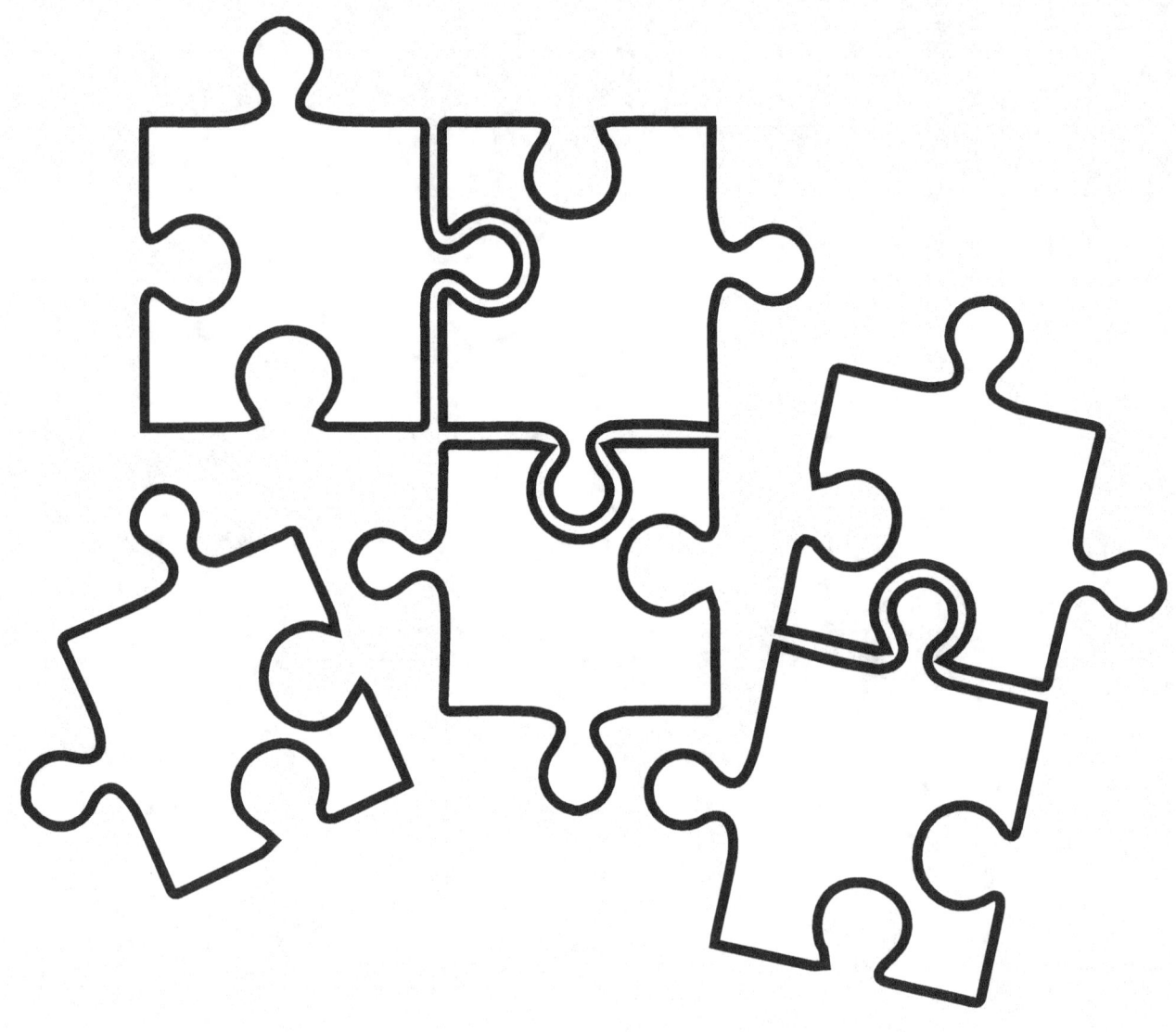

six

Count and color the items.

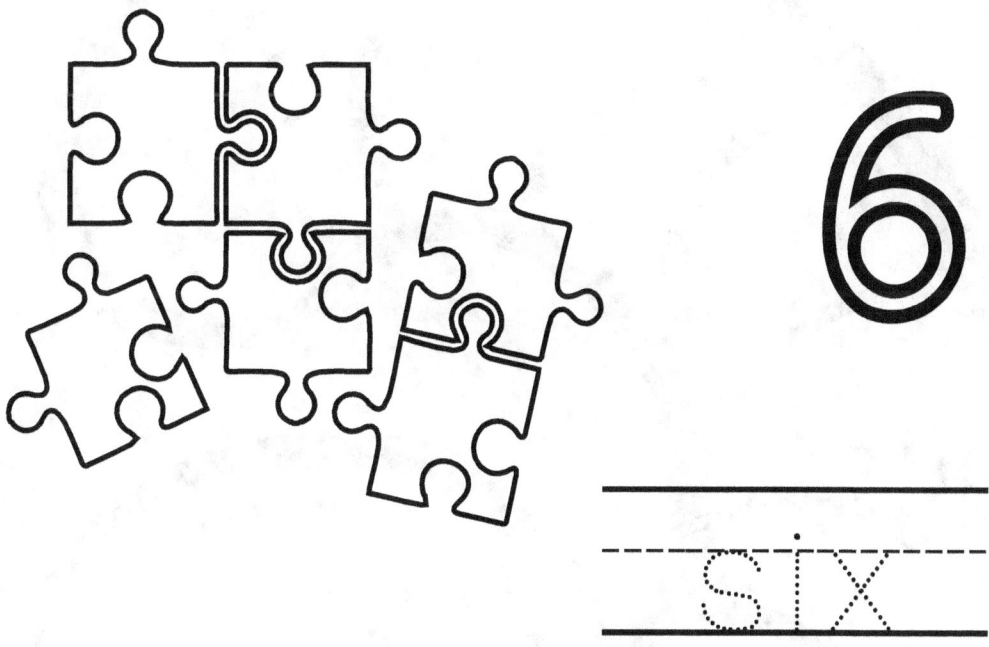

6

six

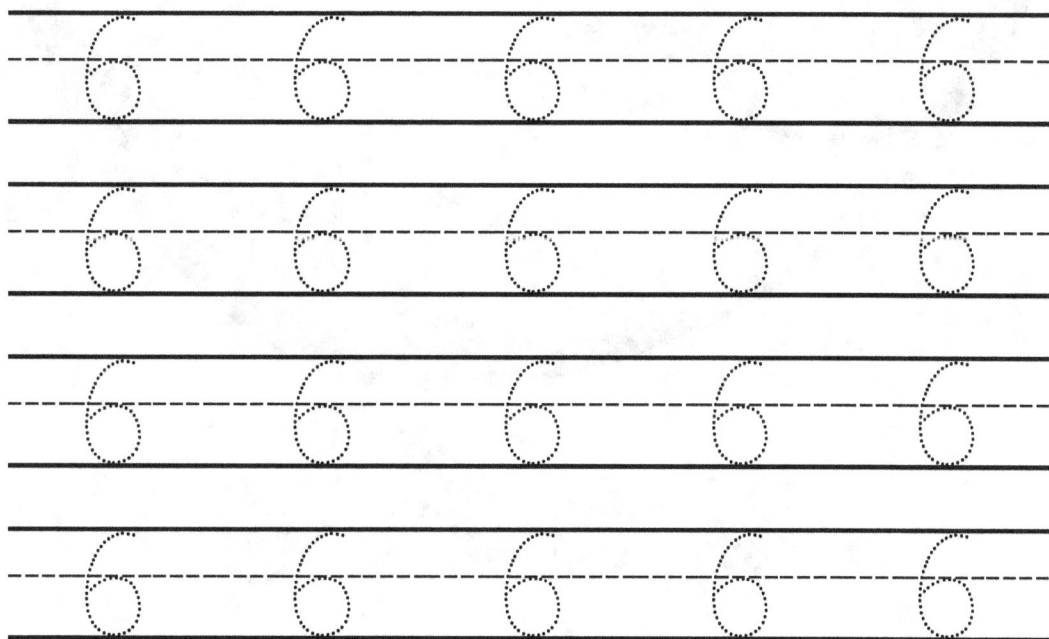

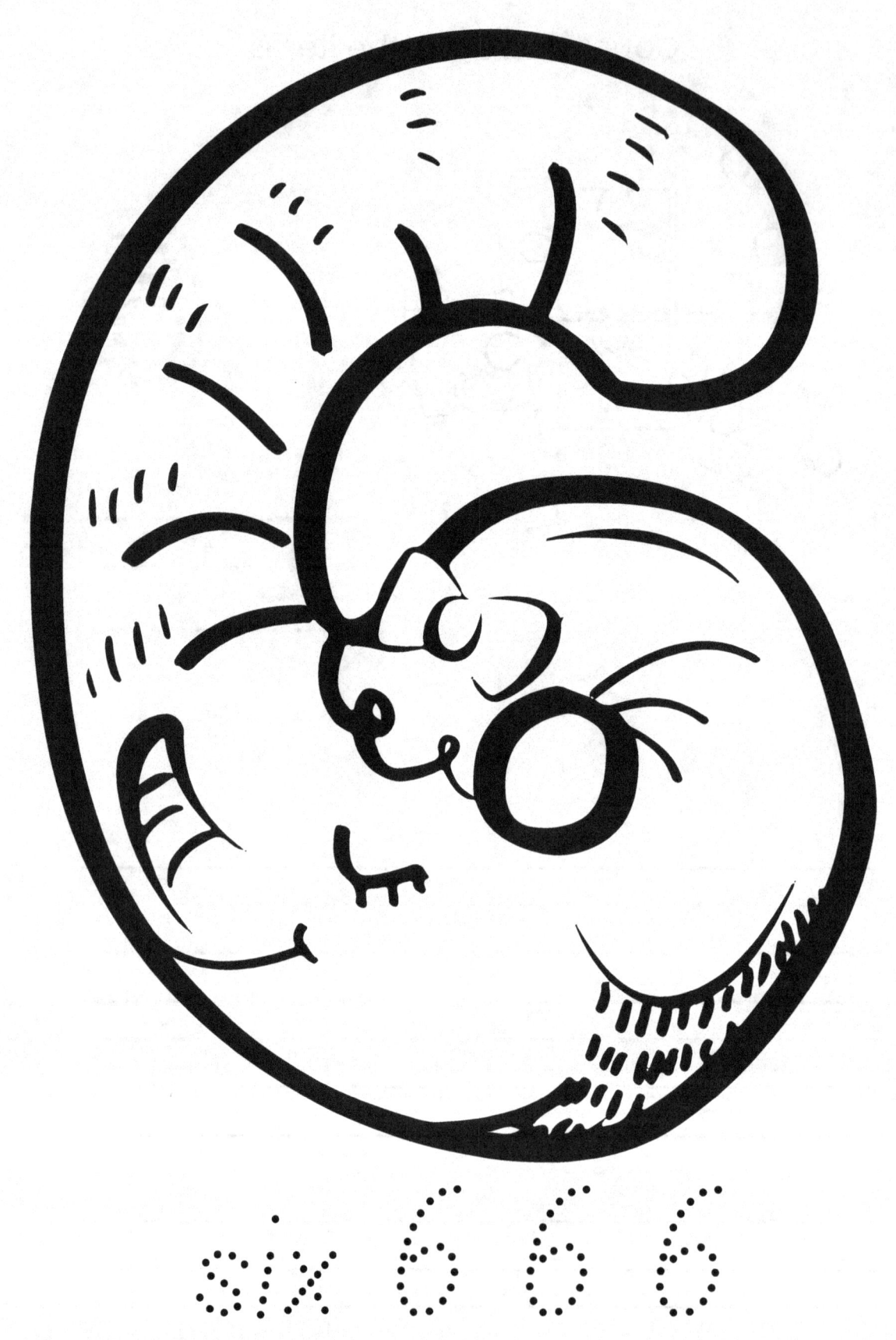

six 6 6 6

6

six

6 6 6 6 6

6 6 6 6 6

6 6 6 6 6

6 6 6 6 6

6 6 6 6 6

6 6 6 6 6

6 6 6 6 6

6 6 6 6 6

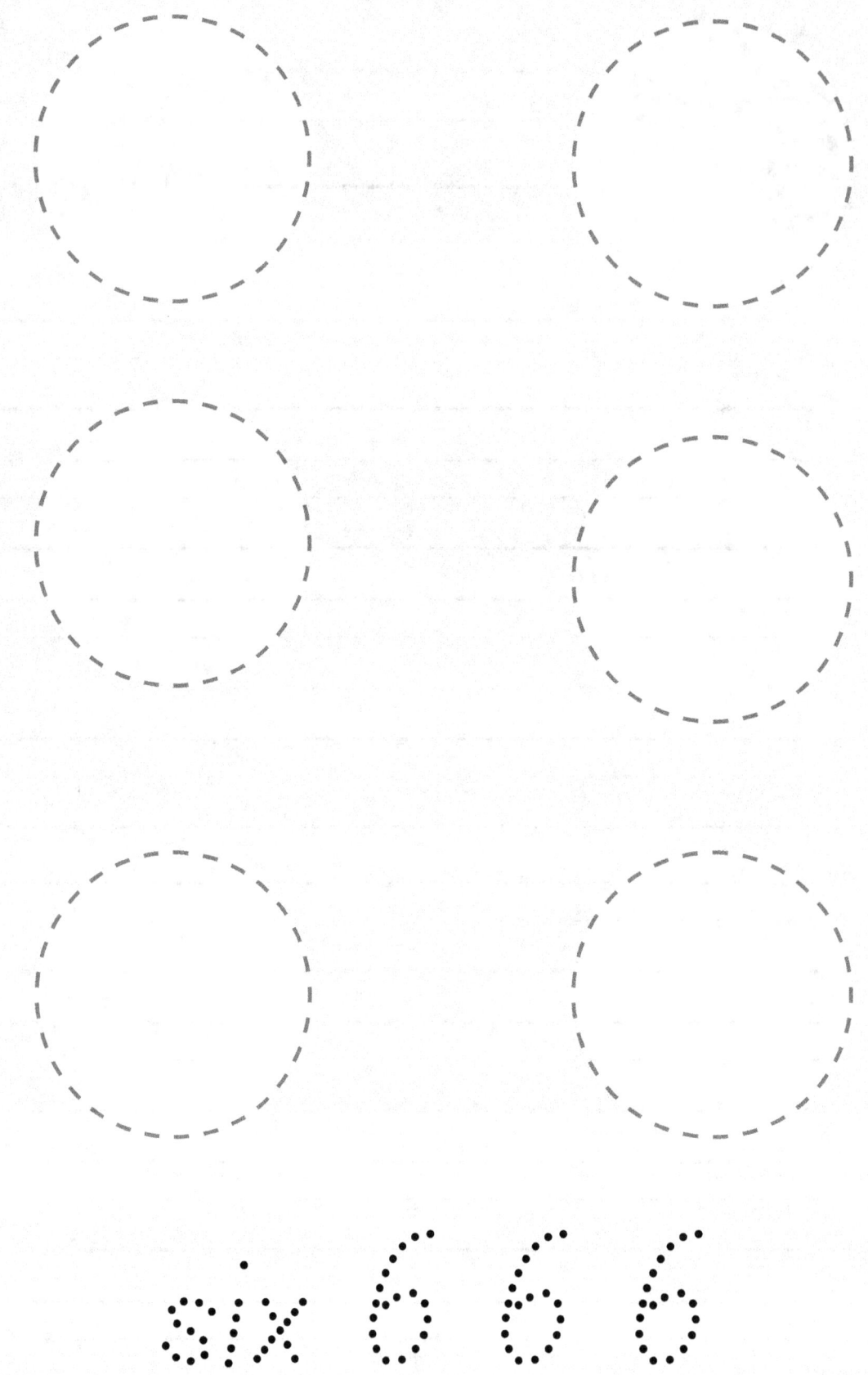

six 6 6 6

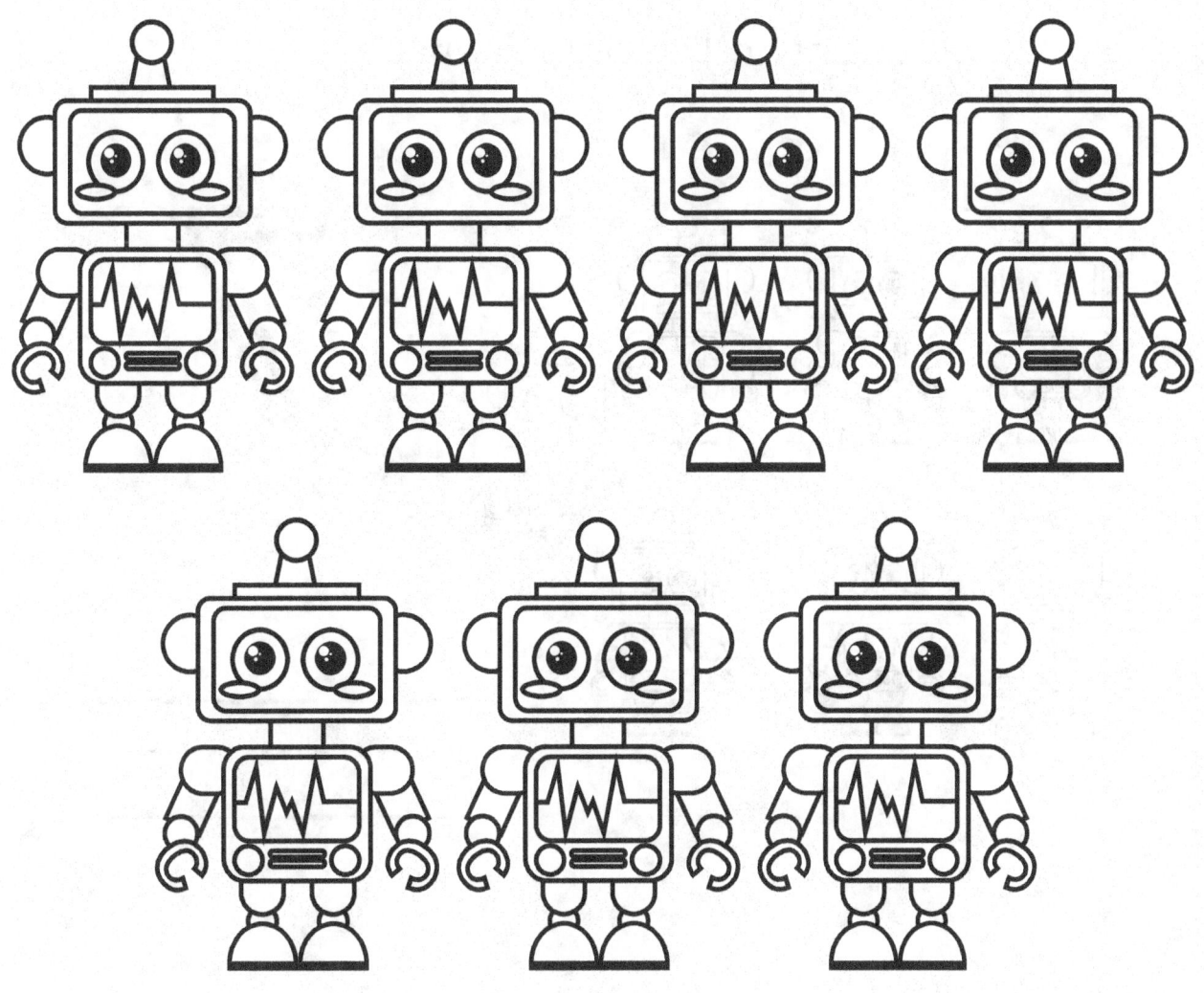

seven

Count and color the items.

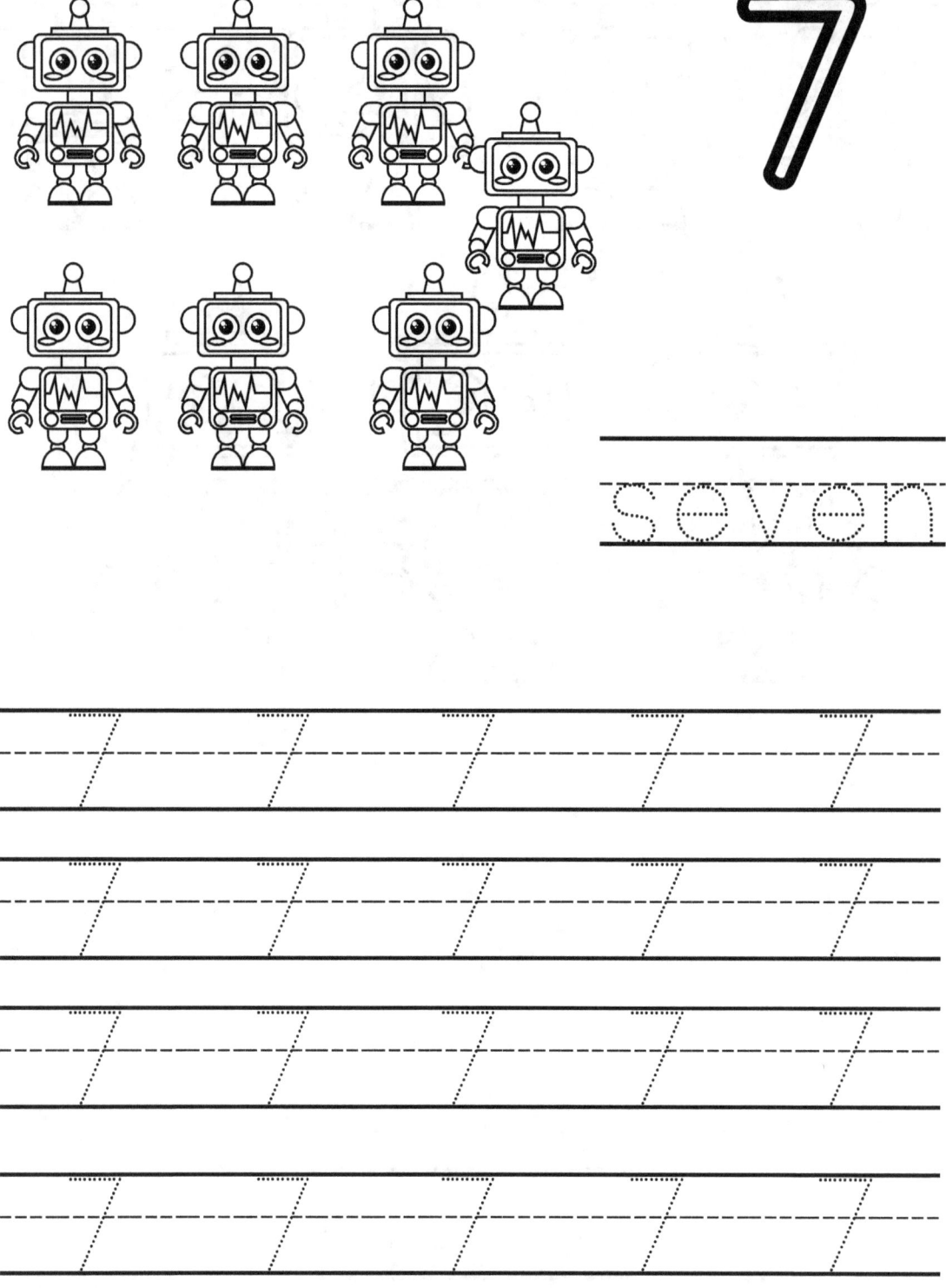

7

seven

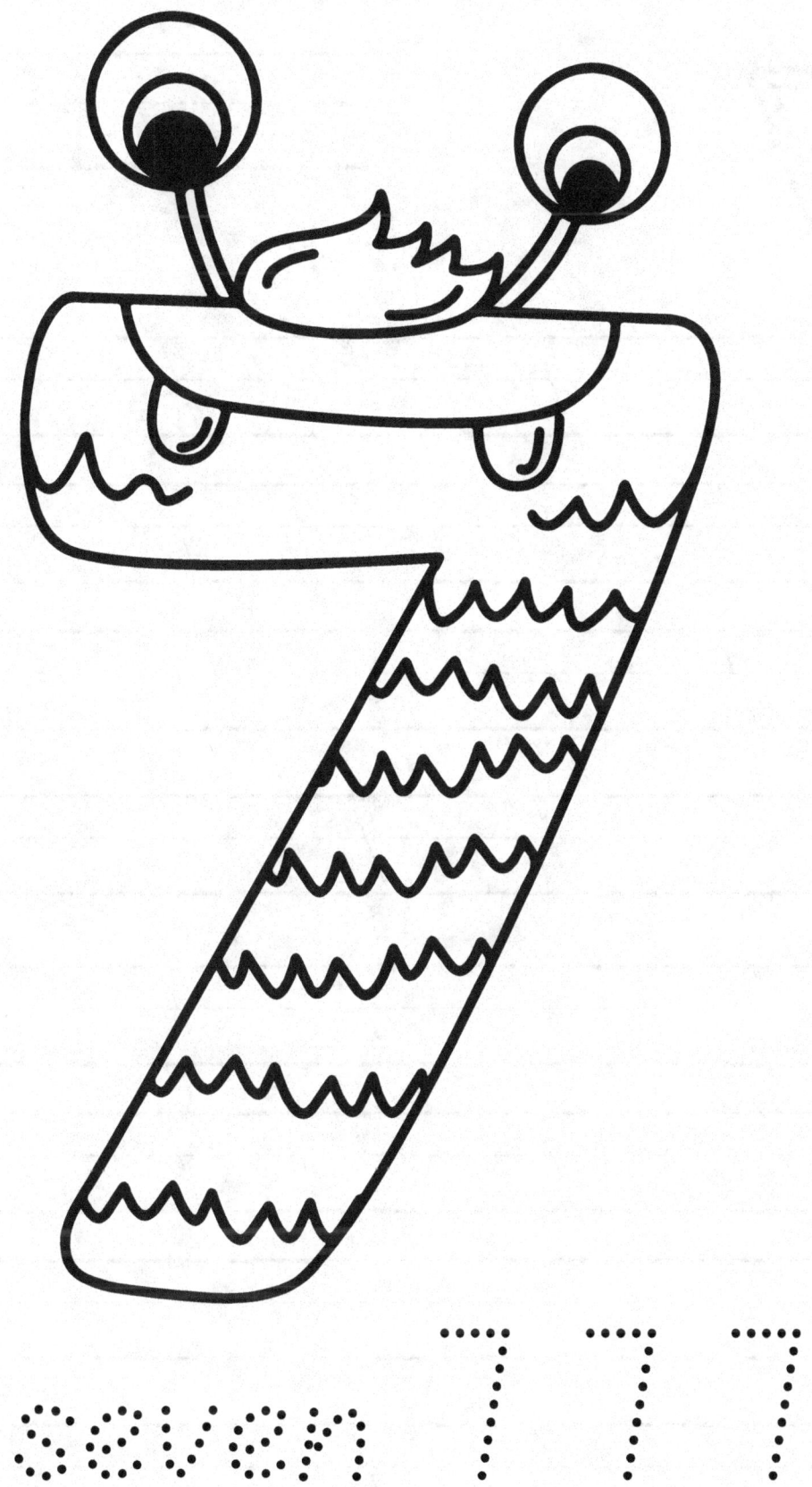

seven 777

7

seven

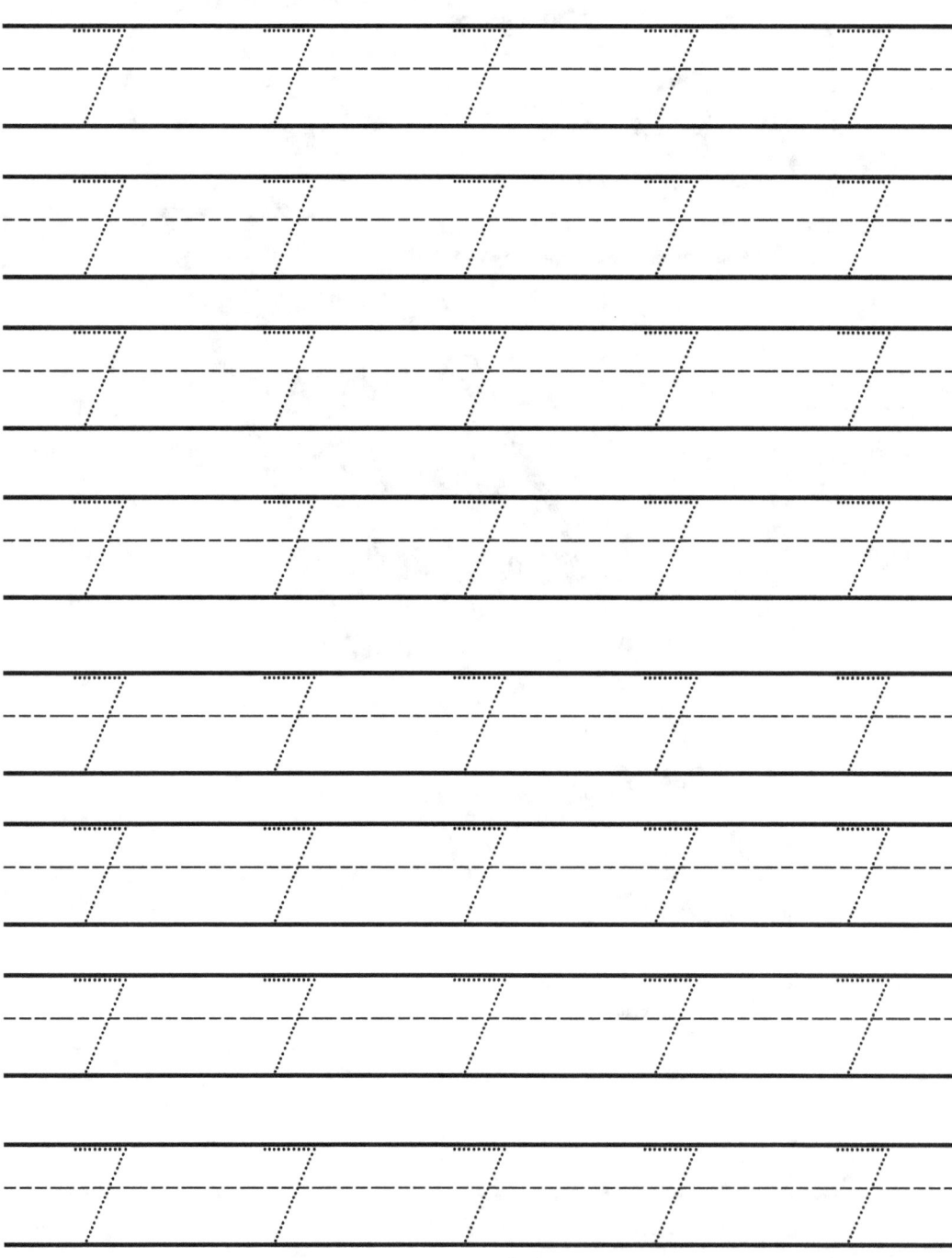

seven 777

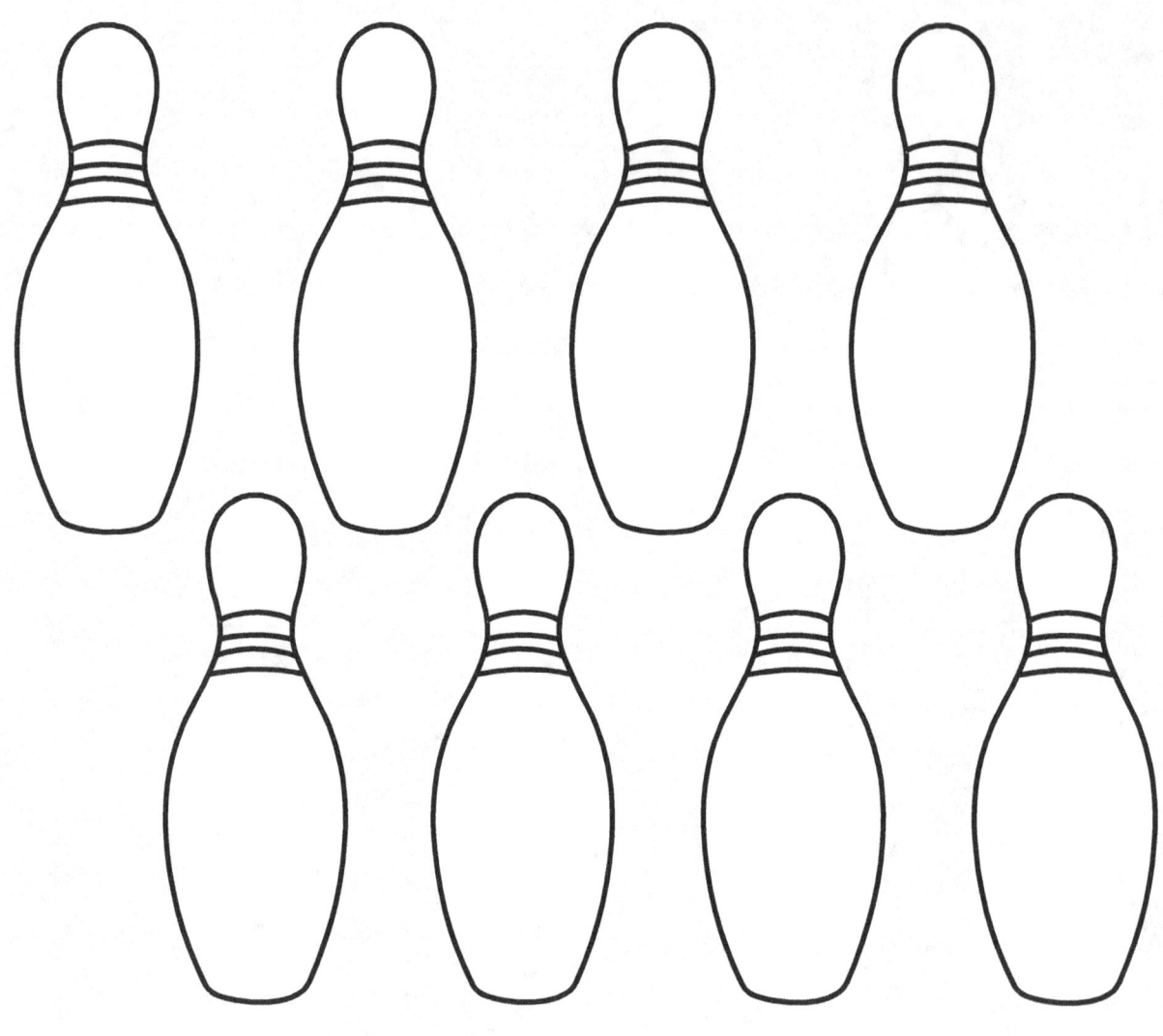

eight

Count and color the items.

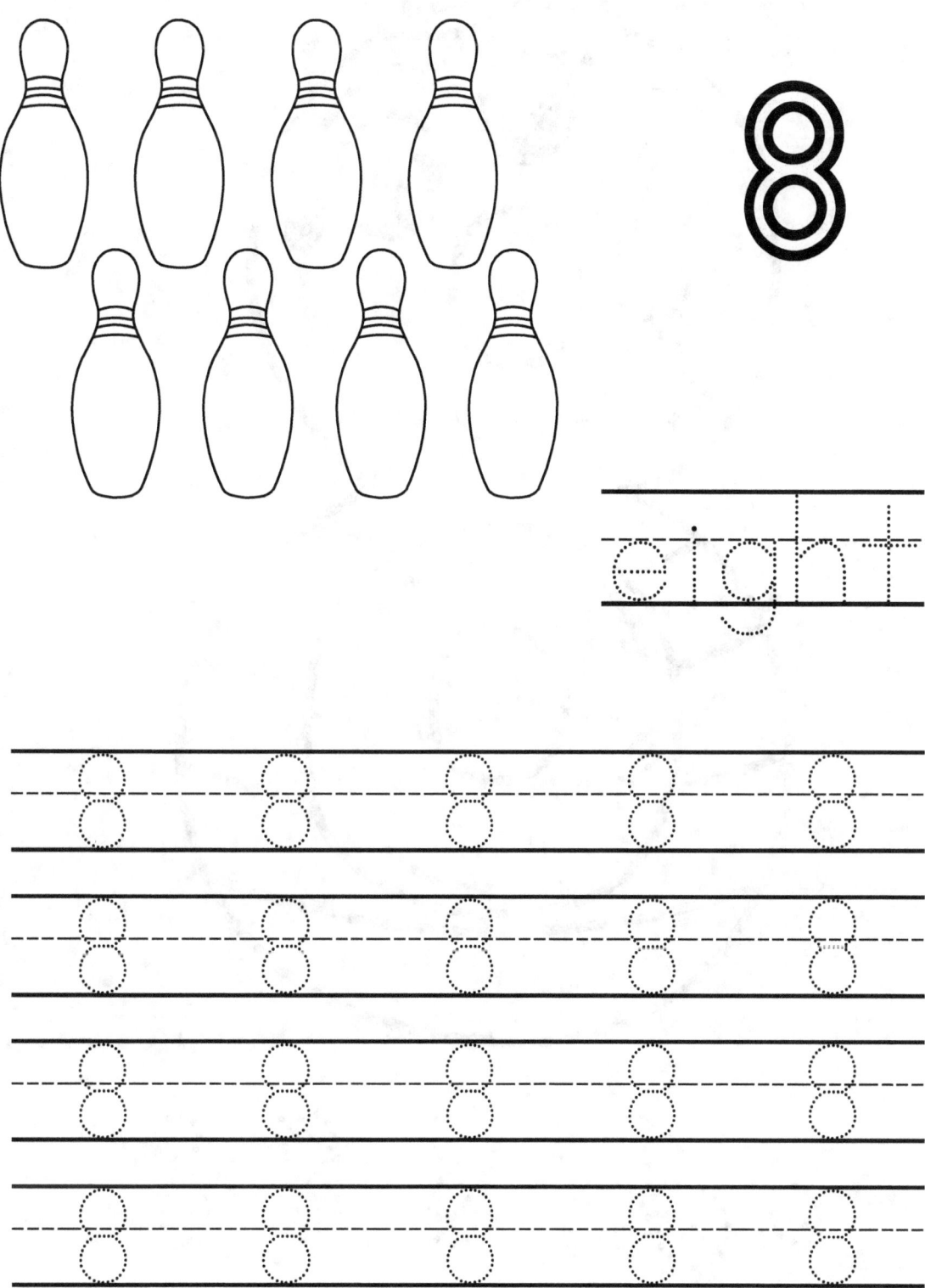

8

eight

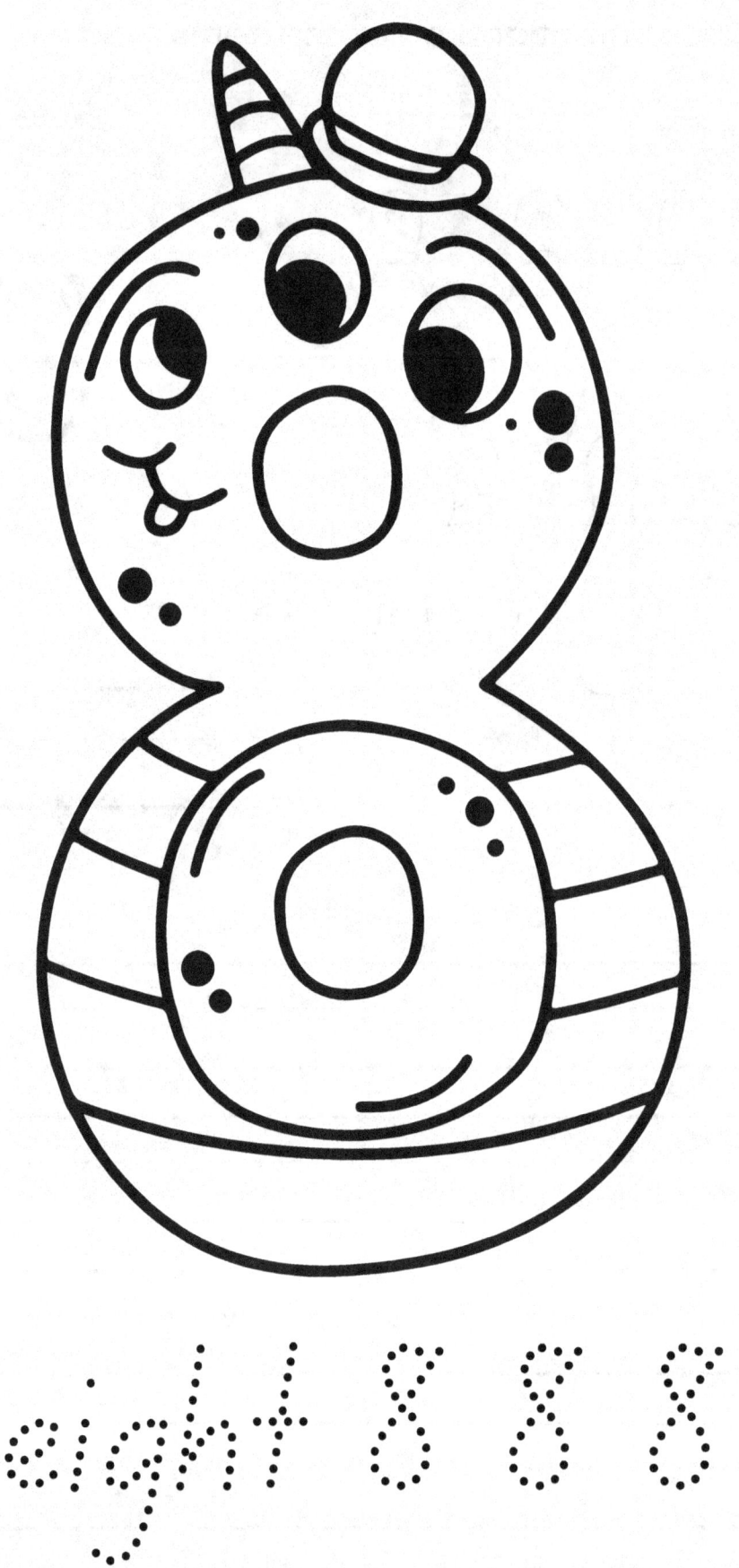

eight 8 8 8

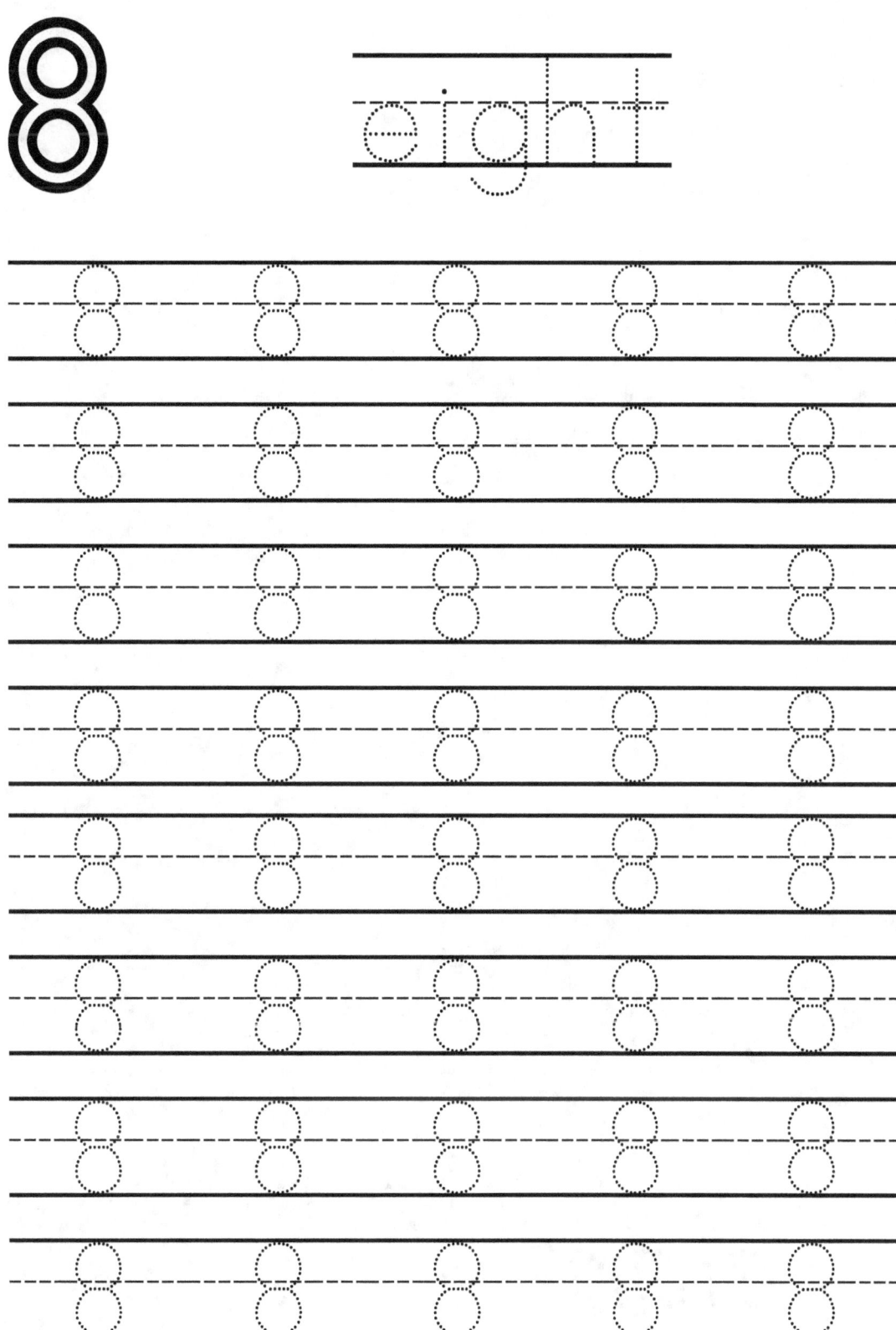

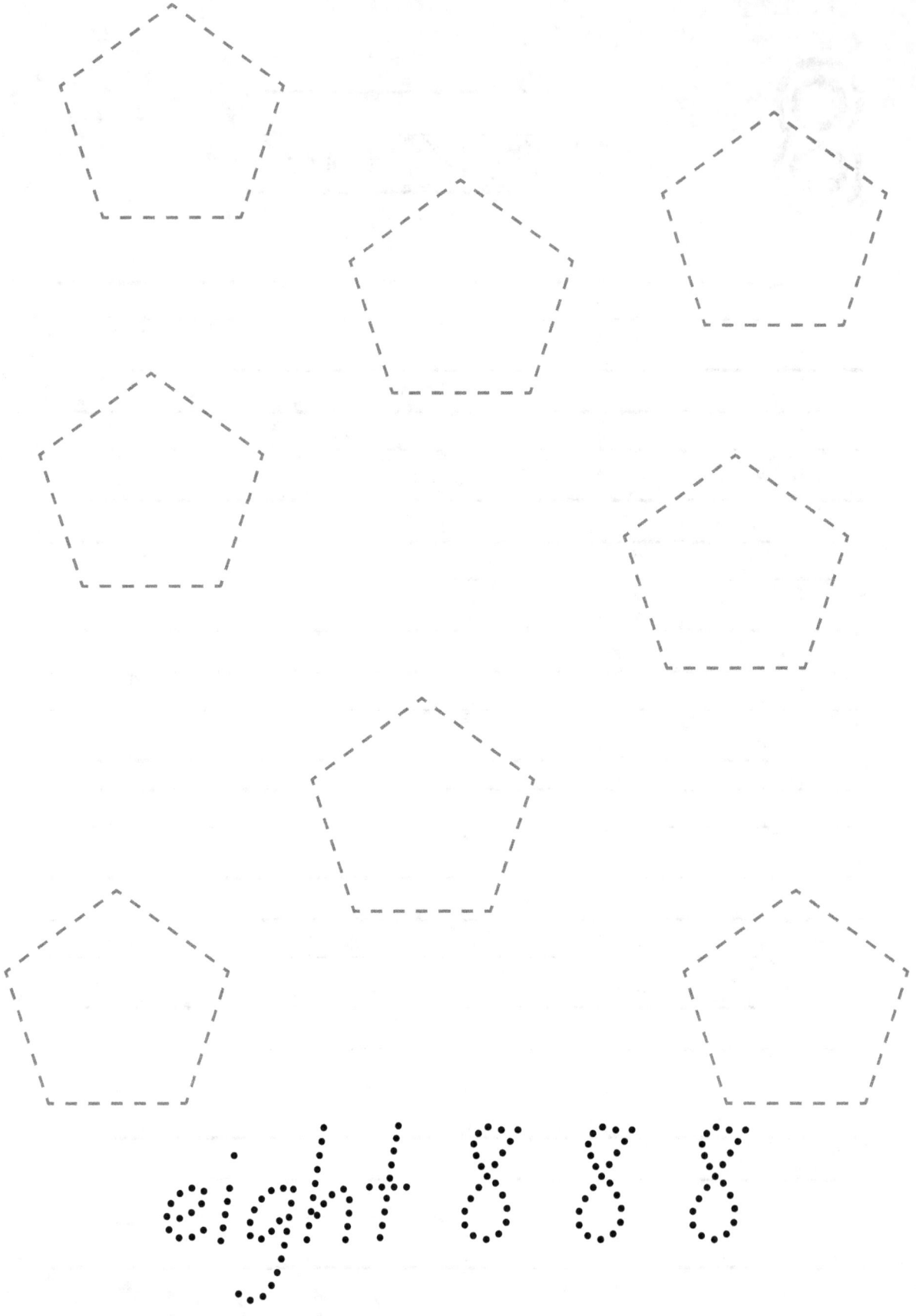

eight 8 8 8

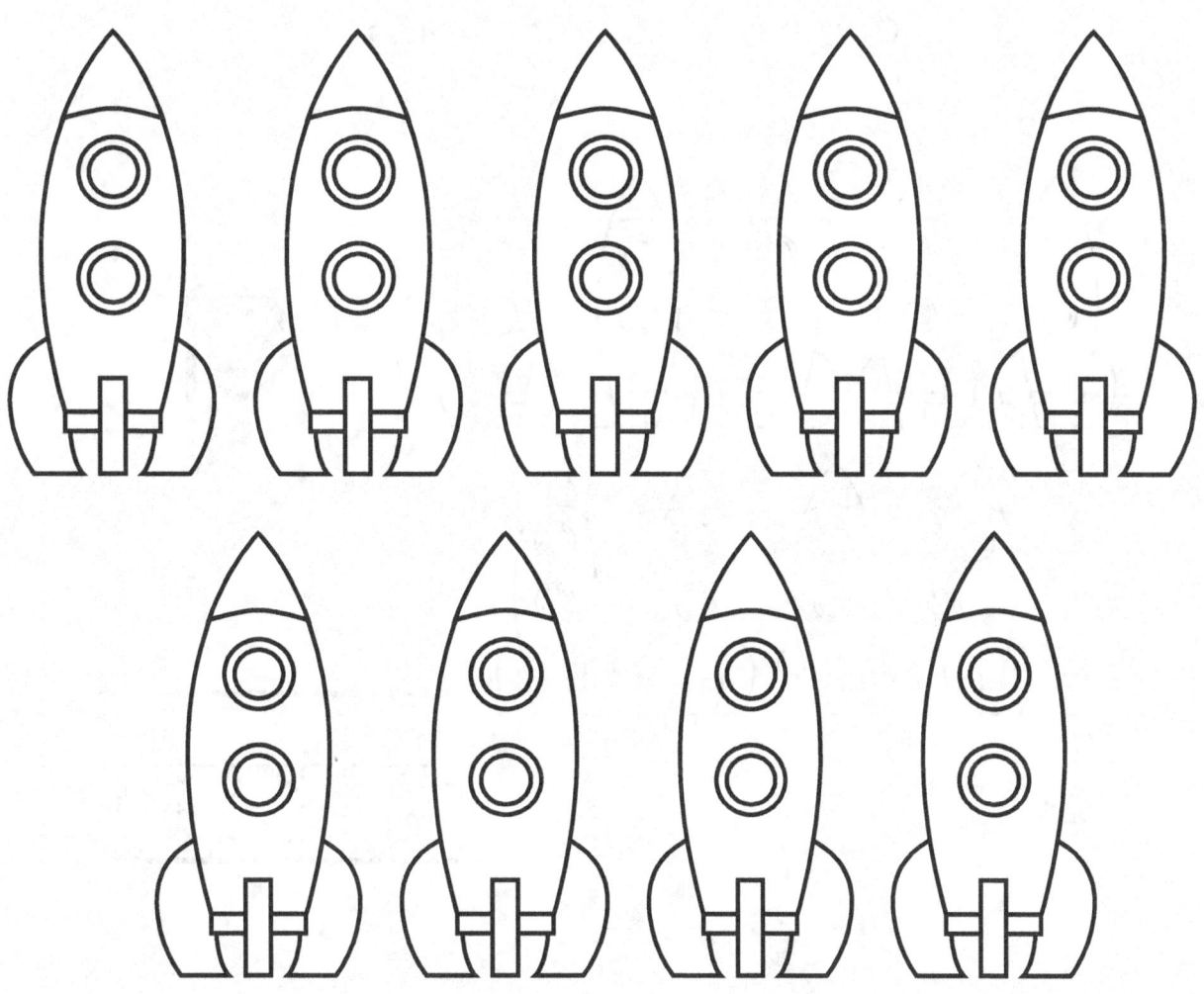

nine

Count and color the items.

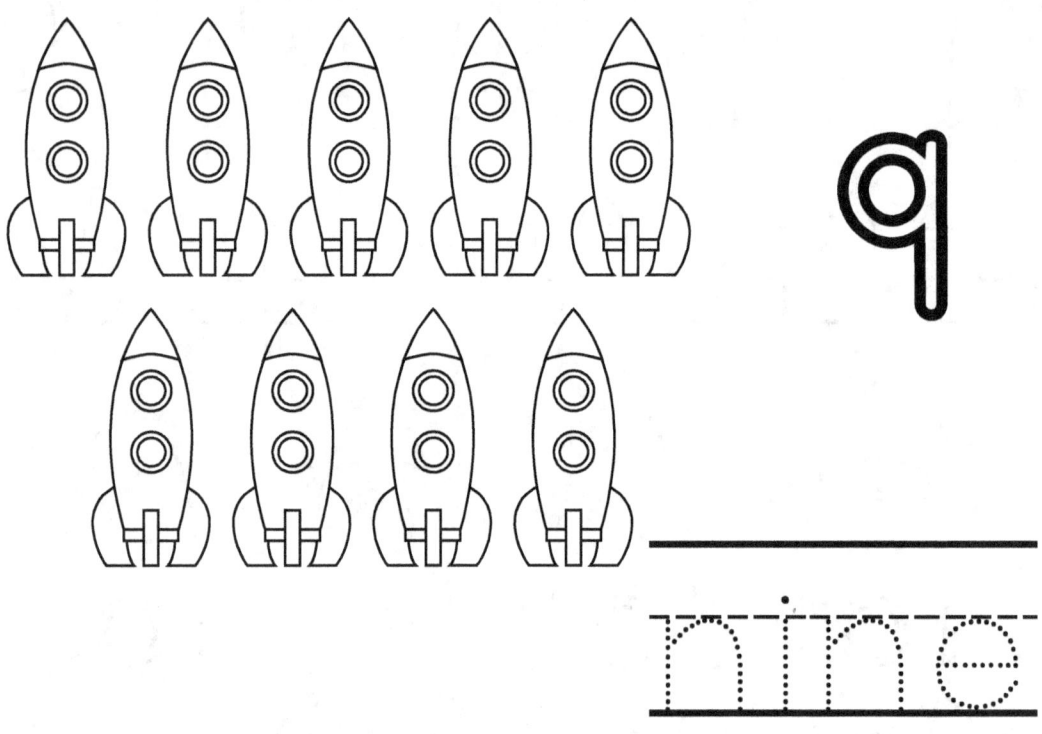

q

_____

nine

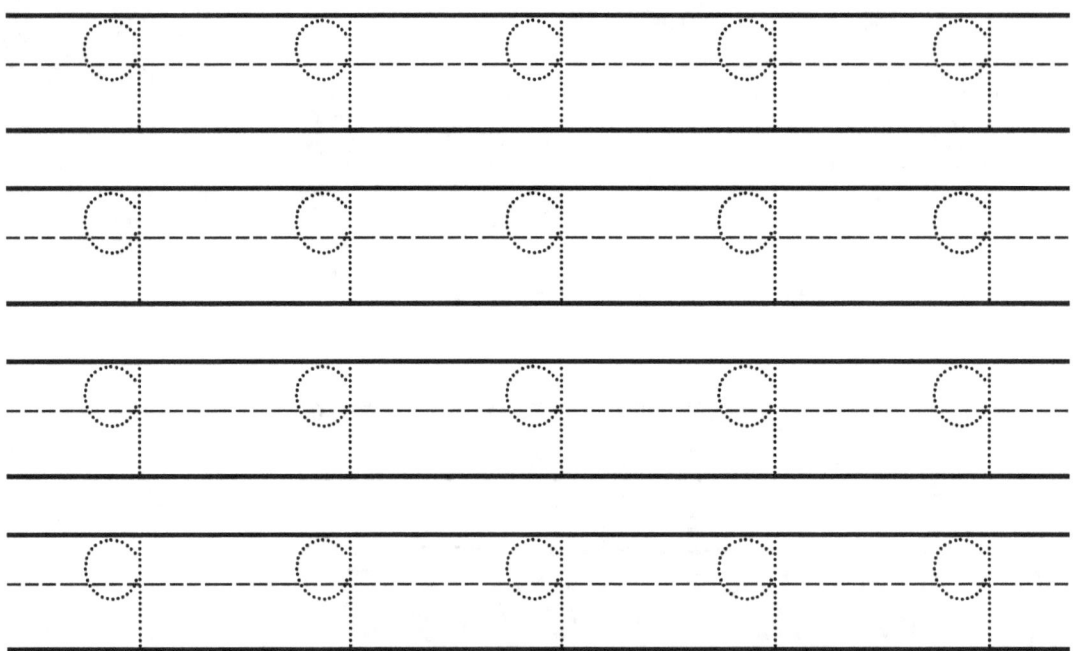

q   nine

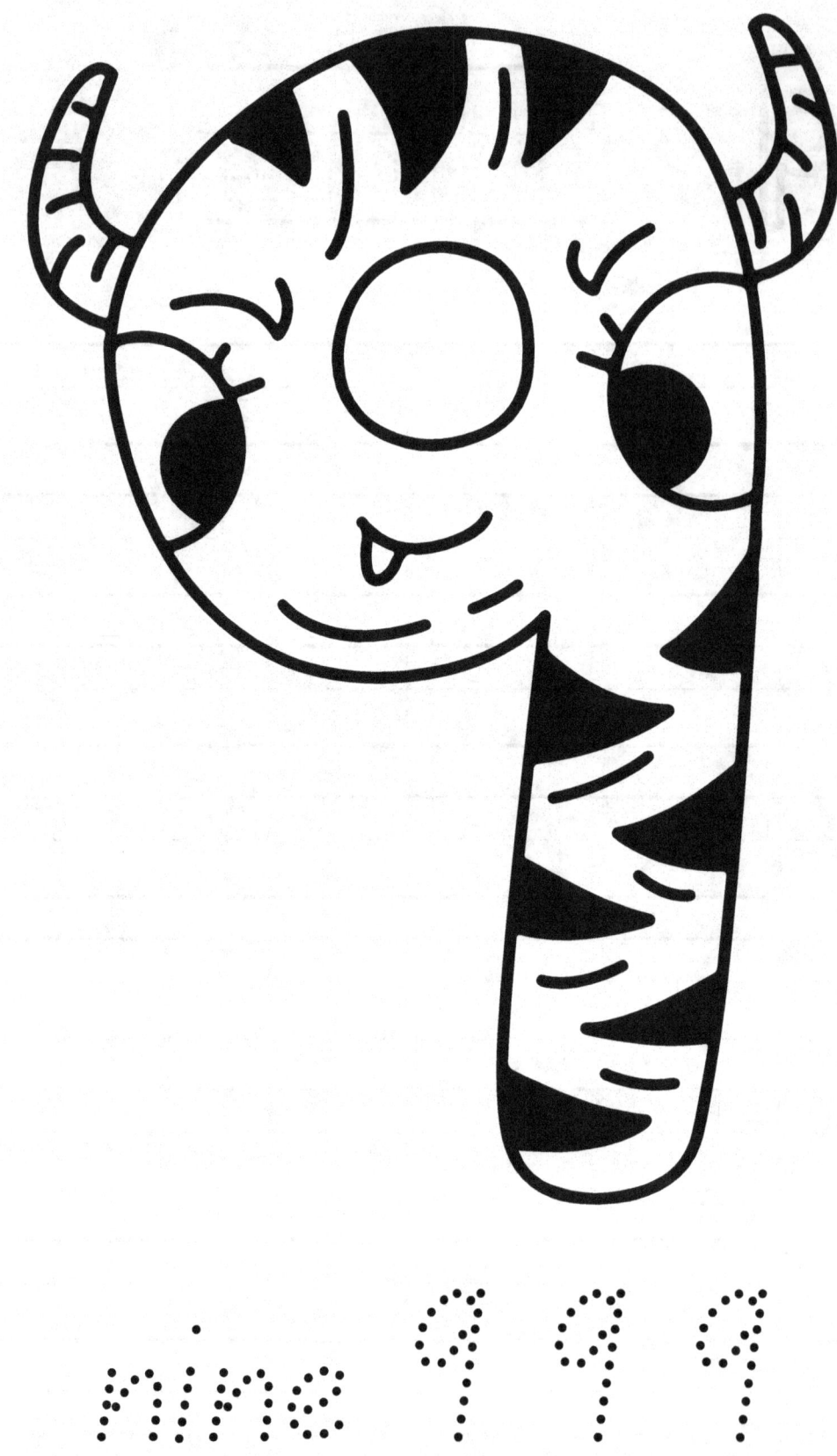

nine 9 9 9

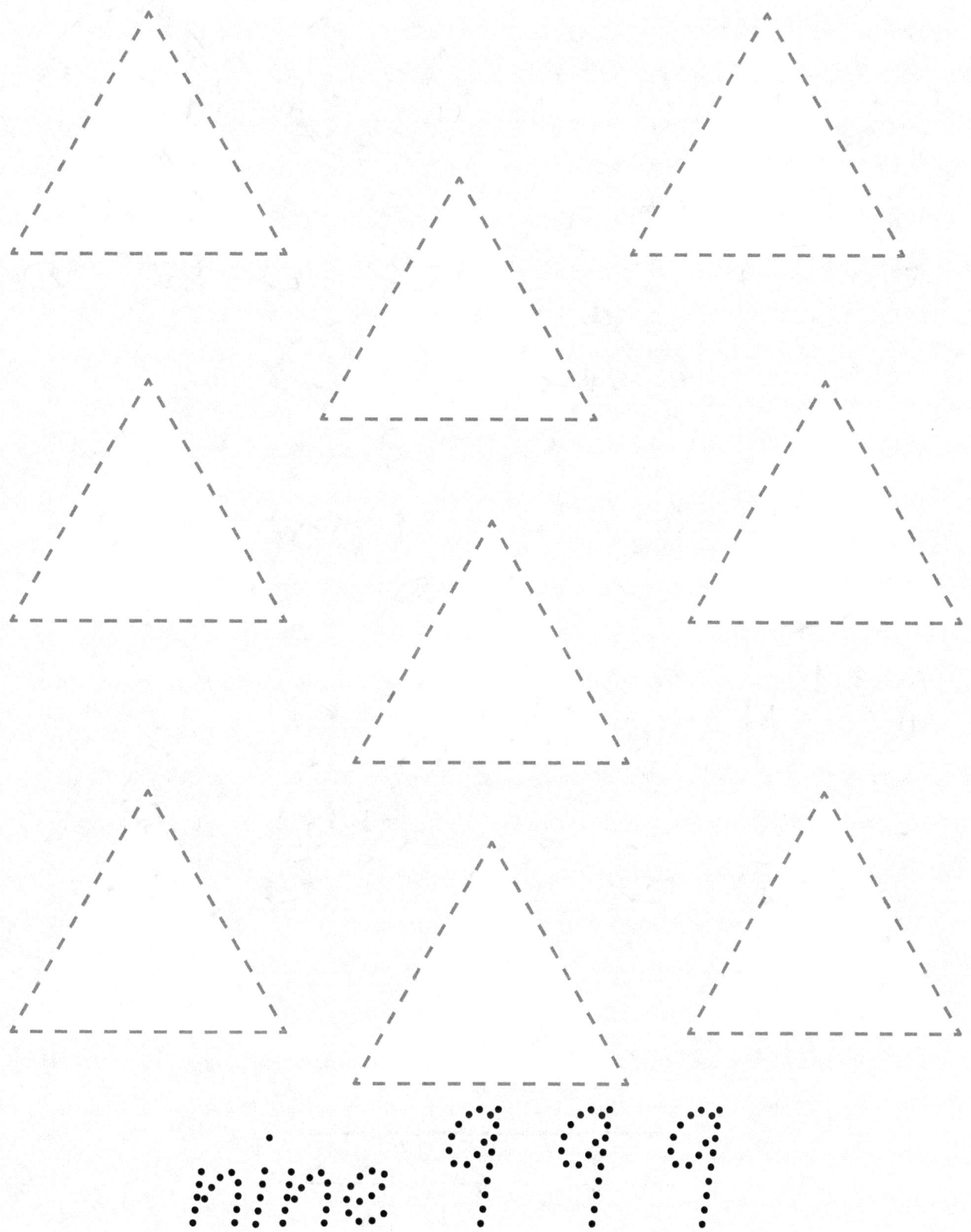

nine 9 9 9

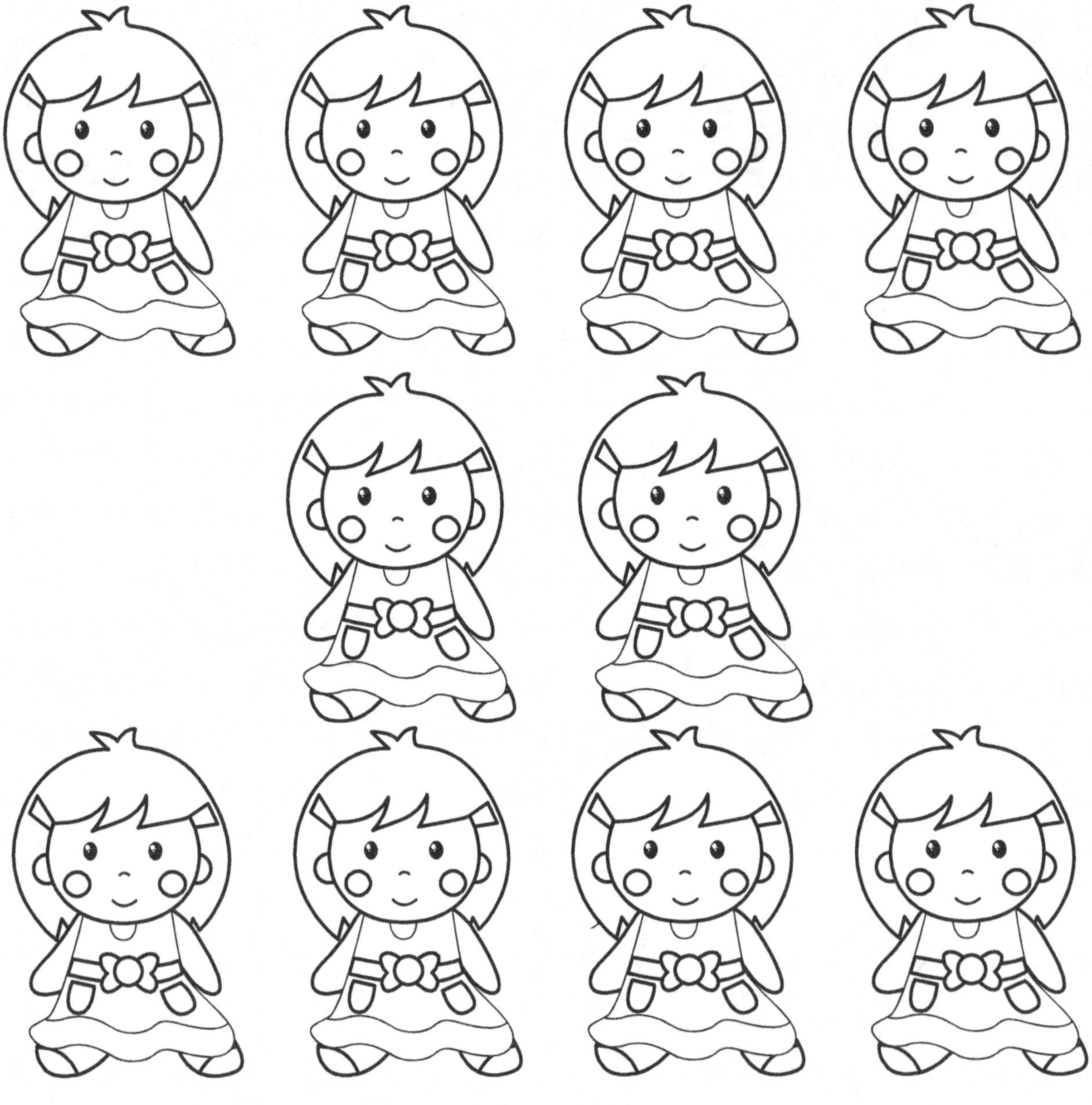

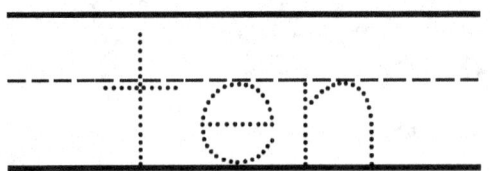

Count and color the items.

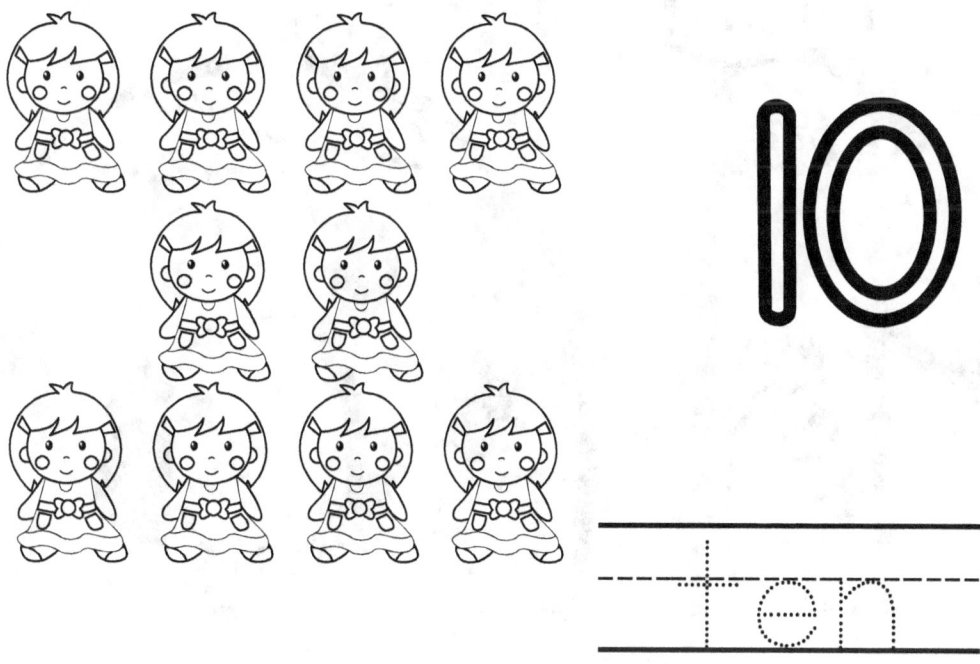

10

ten

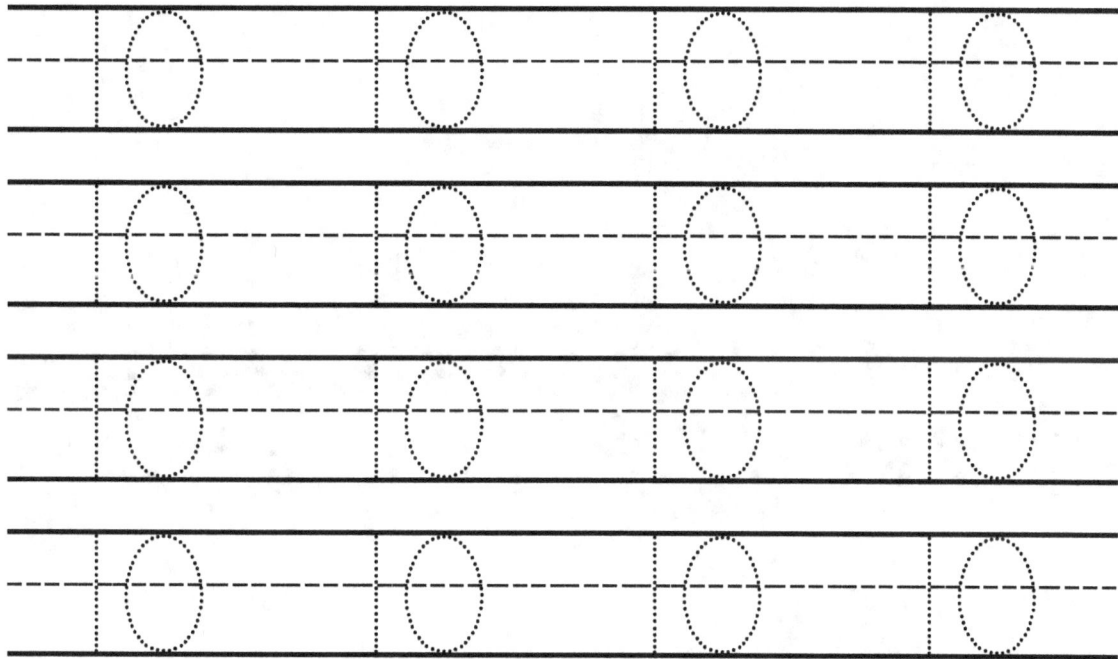

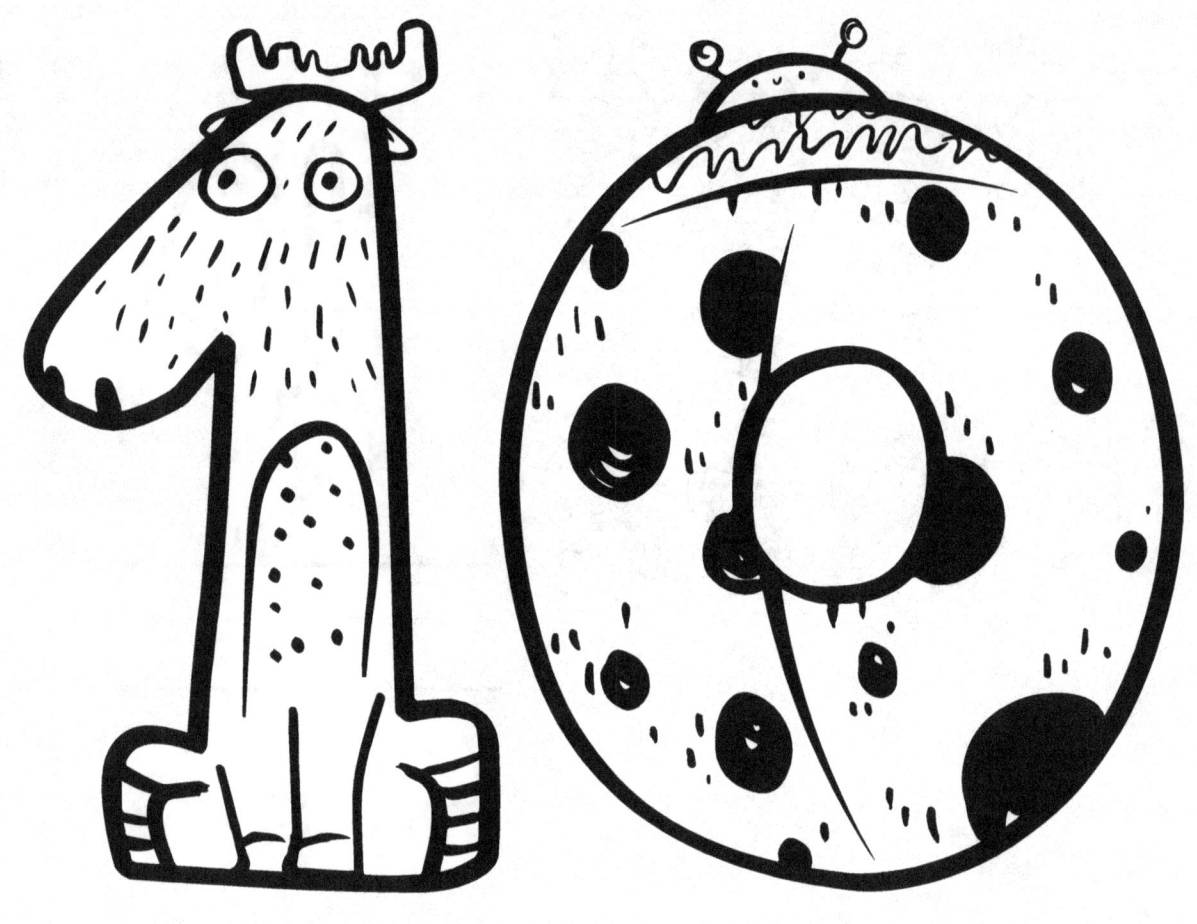

ten 10 10 10

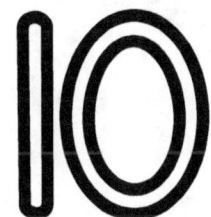

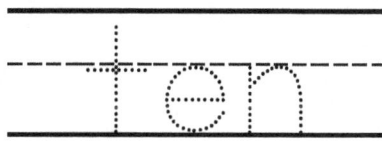

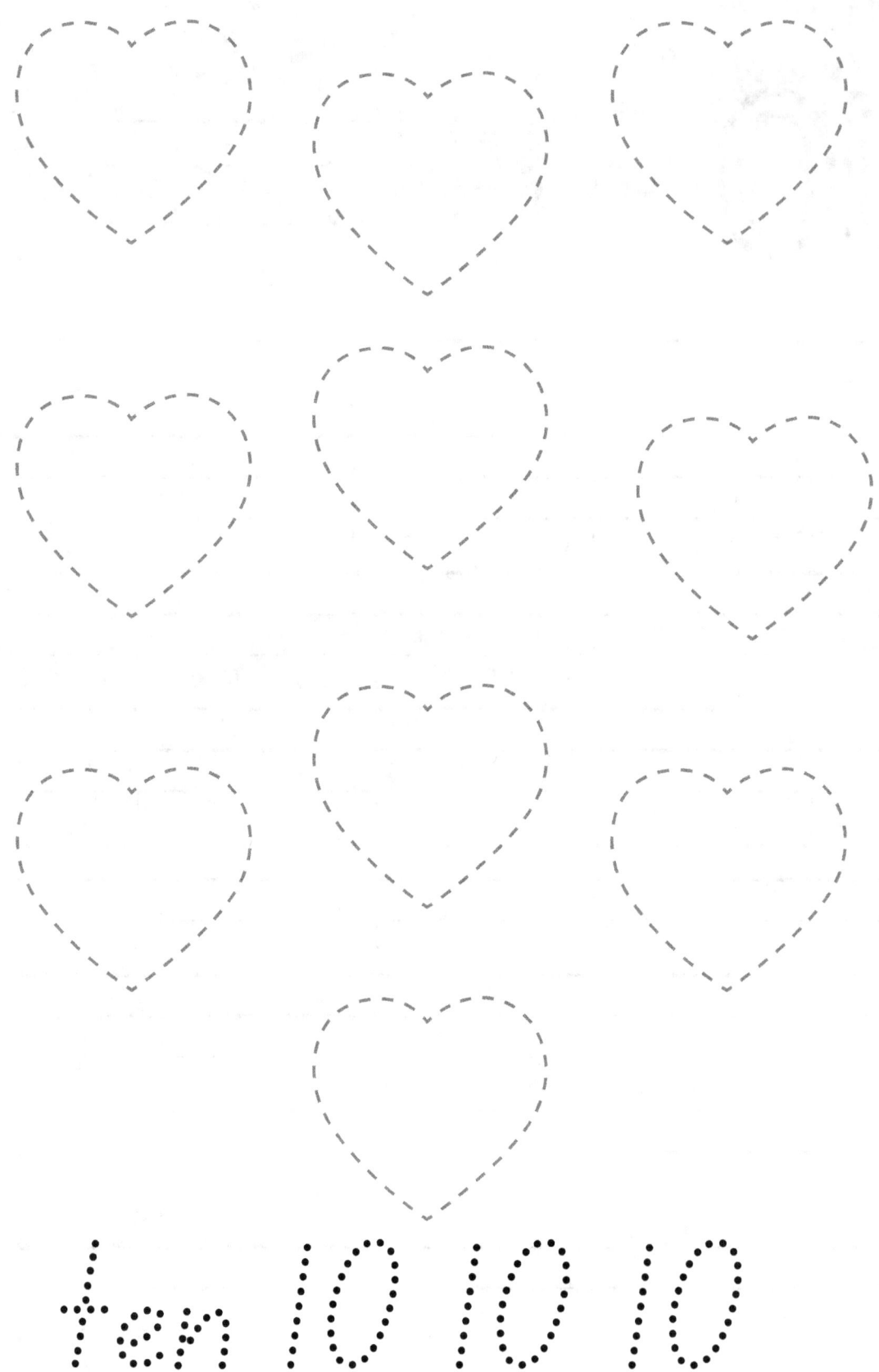

ten 10 10 10